BASTEI
LÜBBE
TASCHENBUCH

Über den Autor:

Sky du Mont, 1947 in Buenos Aires geboren, spielte in zahlreichen Fern-
sehproduktionen der öffentlich-rechtlichen und privaten Sender mit,
aber auch in diversen Hollywoodproduktionen, u. a. *Eyes Wide Shut*
von Stanley Kubrick. 2012 veröffentlichte er im Bastei Lübbe Verlag
Full House, im Frühjahr 2016 folgte der Spiegel-Bestseller *Steh ich jetzt
unter Denkmalschutz*, in dem Sky du Mont auf humorvolle Art die Themen
Familie und Älterwerden miteinander verbindet.

Sky du Mont

JUNG STERBEN IST AUCH KEINE LÖSUNG

Wenn Söhne in die Jahre kommen

BASTEI
LÜBBE
TASCHENBUCH

BASTEI LÜBBE TASCHENBUCH
Band 60 981

Dieser Titel ist auch als E-Book erschienen

Originalausgabe

Copyright © 2018 by Bastei Lübbe AG, Köln
Textredaktion: Ulrike Strerath-Bolz
Titelillustration: © Manfred Esser, Bergisch Gladbach; © FinePic.de
Umschlaggestaltung: ZERO Werbeagentur, München
Satz: Urban SatzKonzept, Düsseldorf
Gesetzt aus der Weiss Antiqua
Druck und Verarbeitung: CPI books GmbH, Leck – Germany
Printed in Germany
ISBN 978-3-404-60981-9

2   4   5   3   1

Sie finden uns im Internet unter www.luebbe.de
Bitte beachten Sie auch: www.lesejury.de

Inhalt

»*Jede Art zu schreiben ist erlaubt —*
nur eine langweilige nicht«.

Voltaire

Danke für deine wundervolle und kluge Hilfe.
D. Edsel

Dinge, die geklärt werden mussten

Wenn dir mit fast sechsundsiebzig jemand sagt: »Steh auf, benimm dich anständig und gib die Hand!« – dann ist es vermutlich meine Mutter.

Die Menschen werden ja bekanntlich immer älter. Für meine Mutter gilt das besonders. Sie ist jetzt sechsundneunzig und fit wie ein Turnschuh. Neuestes Modell. Ich gönne ihr das von Herzen und freue mich natürlich auch, wenn ich sie sehe. Aber es hindert mich doch sehr am Erwachsenwerden. Was sich ein bisschen seltsam anfühlt, wenn man sich langsam auf die siebenundsiebzig zubewegt. Tatsache ist: Man ist nie zu alt, um von Muttern erzogen zu werden.

Im Grunde ist ein solcher Erziehungswahn ja nur Ausdruck mütterlicher Liebe. Zumindest behauptet sie das. Und wer wollte sich dagegen schon wehren. Schlucken musste ich erst, als sie mir neulich eröffnete: »Junge, du solltest dich mal nach einem geeigneten Altersheim umsehen.«

»Wirklich? Ich dachte nicht, dass *du* jemals darüber nachgedacht hast, in ein Altersheim zu gehen.«

»Nicht ich, Kind. *Dich* wüsste ich gerne gut untergebracht, wenn ich mal nicht mehr bin.«

Wenn sie mal nicht mehr ist? Ich meine, hallo, mit sechsundsiebzig hat man sich mittlerweile so daran gewöhnt, dass man eine Mutter hat, dass man einfach lebt, als hätte man *immer* eine Mutter. Immerhin wäre ja dann die ganze eigene Vergangenheit ausgelöscht. Denn ich kann mich an kaum noch etwas erinnern, was früher war. Sie schon. Aber die Idee, dass *sie mir* einen Platz im Altersheim besorgt ... *Sie. Mir!*

Ich hustete erst einmal zu Ende. Dann stand ich auf und gab ihr ein Küsschen links und eines rechts. »Klar, Mama. Darüber sprechen wir, wenn ich das nächste Mal bei dir bin.«

»Wie du meinst, Junge. Aber vergiss es nicht wieder. Ich habe den Eindruck, dein Gedächtnis war schon mal besser.«

»Ich denke dran, Mama. Ganz bestimmt ... nicht«, murmelte ich vor mich hin.

»Ach, und nimm den Rollator wieder mit.«

Erstaunt sah ich zu dem Rentnerporsche, der ganz hinten in der Ecke des Zimmers stand. »Wieso? Du wolltest doch einen haben.«

»Das Teil ist Mist«, beschied meine Mutter mit einer wegwerfenden Handbewegung, ehe sie wieder zu ihrem Gin Tonic griff.

»Ach, wirklich? Was stimmt denn nicht daran?«

»Er ist zu langsam. Gib ihn Frau Hummel.«

»Aber Frau Hummel sitzt doch im Rollstuhl!«

»Eben. Dann kann sie mal darüber nachdenken, wie das war, als sie noch einigermaßen laufen konnte, das Miststück!«

»Mutter, bitte! Sie hat doch nie was mit Papa gehabt und ...«

»Ja, aber nur, weil ich Papa den Hausschlüssel versteckt hatte und er sich tagelang nicht aus dem Haus getraut hat, aus Angst, er käme nicht mehr herein.«

»Ja, weil du dich geweigert hattest, ihm die Tür zu öffnen, wenn er läutet. Und das im Winter bei fünf Grad minus. Und dazu hast du ihm auch noch seinen Wintermantel versteckt.«

»Allerdings. Und sein Gebiss!«

Vor Müttern wird gewarnt!

An dieser Stelle ein dringender Appell an alle Mitmenschen, besonders an alle männlichen: Achten Sie darauf, wen Sie sich als Mutter aussuchen! Es gibt da vermutlich große Unterschiede. Und es ist mitnichten so, dass Sie es hinter sich haben, wenn Sie endlich die erste eigene Bude beziehen. Im Gegenteil: Solange man zu Hause lebt, wird man wenigstens bekocht, die schmutzige Wäsche findet dankbare Abnehmer, saubere findet sich wundersamerweise immer wieder – und das auch noch schön gebügelt – im Kleiderschrank. Alles super also, da kann man über das Genörgel der Eltern schon mal hinwegsehen, über ihre völlig überzogenen Erwartungen und das totale Verkennen des eigenen einzigartigen Talents. Aber wenn man dann denkt, man sei jetzt wirklich erwachsen geworden, muss man leider feststellen: In den Augen der Eltern wird man es überhaupt nie. Nie!

Als ich den Führerschein machte: »Hach, Junge, das wurde aber auch Zeit! (Ich war gerade achtzehn.) Ein bisschen musst du allerdings schon noch üben – in diesem Schnarch-Tempo kommst du ja nie ans Ziel! Jetzt gib mal Stoff!«

Als ich meine erste Freundin hatte, steckte Mutter mir Kondome in sämtliche Taschen. Was dann wirklich gut ankam, als ich das Mädchen nichtsahnend bat, den Haustürschlüssel aus meiner Jackentasche zu holen, wobei mehrere Gummis auf dem Boden landeten. Es war unser letztes Rendezvous.

Jahre später, als ich heiratete: »Klausi, ist das denn die Richtige? Ich sag ja nichts und es geht mich auch überhaupt nichts an, aber die passt ja gar nicht zu uns!« Sie hatte tatsächlich *zu uns* gesagt. »Und die Zähne, oh Gott ... Naja, du musst ja selbst wissen, was du machst. Für mich wäre die nichts!«

Als ich zum ersten Mal geschieden wurde: »Also wirklich, Junge, was hast du dir nur gedacht! Hast du geglaubt, die Ehe ist ein Sandkastenspiel oder findet nur im Bett statt? Ich hab's dir ja gleich gesagt, dass das mit *der* nichts wird, aber du wolltest ja nicht hören.«

Als ich die ersten grauen Haare bekam: »Oh Gott! Du wirst doch nicht schon graue Haare bekommen? Du musst färben, sonst glauben die Leute, *ich* wäre auch schon so alt!«

Eltern behandeln Kinder auch mit über siebzig noch so, als wären sie sieben. Sie schrecken vor keiner Peinlichkeit zurück. Öffentliche Maßregelungen wegen ungezogener Sprache: ein Klassiker. Herumzupfen an der Kleidung: fällt einem schon gar nicht mehr auf. Anspielungen auf frühkindliche Vorlieben kommen immer zur Unzeit, dann aber garantiert:

»Klausi, machst du immer noch auf die Klobrille, weil du zu faul bist, sie hochzuklappen?«

»Mama, da war ich fünf oder sechs. Ich kann mich nicht mehr daran erinnern.«

»Ach ja, so ist das, er wird immer vergesslicher, mein Junge.«

Der Hinweis, wie süß man mal war: unausweichlicher Bestandteil jedes Familienfestes: »Ich *liebe* ja dieses Töpfchen-Foto! Guck doch mal, Klausi, wie süß du da guckst. Dieser angestrengte, voll konzentrierte Gesichtsausdruck ...«

So geht das, seit ich denken kann. Und es wird auch so weitergehen, *solange* ich noch denken kann. Vermutlich darüber hinaus. Denn ehe meine Mutter dement wird, werde ich es. Die Frau ist ja wirklich unverwüstlich. Keine Ahnung, ob es die Gene sind oder pure Boshaftigkeit. Seit über siebzig Jahren betütelt sie mich. Dabei werde ich alt und älter, während ihr der Zahn der Zeit scheinbar nichts anhaben kann. Sicher, rein optisch ist sie auch keine siebzehn mehr. Sicher auch keine siebzig. Aber sie sieht immer noch richtig gut aus, wenn man sich die Falten wegdenkt. Während unsereiner . . . Aber lassen wir das.

Schon klar, man kann sich die Eltern nicht aussuchen, leider. Aber man kann doch frühzeitig dafür sorgen, dass man die Anerkennung bekommt, die man verdient. Man muss nur darauf achten, dass man seine Eltern beizeiten erzieht. Mein Freund Willy zum Beispiel hat das gut hingekriegt: Wenn er zu Hause aufläuft, dann stehen die Alten stramm! Gut, er ist natürlich auch Gerichtsvollzieher, und seine Eltern sind leider notorisch überschuldet, seit sie ihm mehrere unvollendete Studiengänge finanziert haben. Trotzdem: Da erkennt man die gleich gute Elternstube.

Oder eine Kollegin aus Berlin, mit der ich seit vielen Jahren gut befreundet bin. Die hat ihre Eltern schon seit Weihnachten nicht mehr gesehen. Weihnachten 84. »Hat sich nicht ergeben«, sagte sie, als ich mal fragte. »Aber die kommen gut ohne mich zurecht.« Beneidenswert, das. Bei uns sieht das so aus: Weihnachten, das sind bei uns die paar Tage im Jahr, an denen ich meine Mutter mal *nicht* sehe. Weil sie nämlich einen kleinen Trip in die Karibik einlegt, um sich unter Palmen verwöhnen und den lieben Gott einen guten Mann sein zu lassen. »Weihnachten tut mir nicht gut«, pflegt sie immer zu sagen. »Es macht fett, faul und müde. Nichts für mich.«

Womit sie hundertprozentig recht hat. Mama ist nun mal eine Powerfrau. Ich möchte gar nicht wissen, was sie da drüben auf Jamaika oder Kuba alles anstellt.

Post für dich!

Gerade im vorgerückten Alter ist es ja mitunter ganz schön, mal etwas mehr Post zu bekommen. Damit meine ich nicht die Wurfsendungen diverser Lotterien, die Flugblätter örtlicher Autohändler und Fitnessstudios oder die Mahnungen der Elektrizitätswerke, sondern richtige, echte Post: Briefe zum Beispiel. Oder E-Mails. Das kann Schwung ins Leben bringen, man fühlt sich gebraucht, aktiv und weltläufig.

Kann aber auch ganz anders sein: überfordernd, frustrierend und peinlich. Zum Beispiel, wenn es kommt wie bei mir.

Ich sitze bestimmt nicht immer am Fenster und gucke runter. Um so viel Zeit totzuschlagen, dafür fehlt mir schlicht die Zeit. Aber nach einer Weile guckte ich eben doch mal aus dem Fenster und beobachtete den Briefträger bei der Arbeit. Was soll ich sagen: Er sortierte geschlagene fünf Minuten Post in meinen Briefkasten. Am Schluss stopfte er einfach alles obendrauf.

Neugierig lief ich nach unten (wobei ich großzügig über Frau Schneiders pikierte Miene hinwegsah, der es wohl nicht passte, dass ich nur meine Boxershorts und Hausschuhe trug) und holte die Berge an Briefen zu mir in die Wohnung. Viel Handbeschriebenes. Umschläge in verschiedenen Pastellfarben. Hübsche Briefmarken. Post aus München, Köln, Kreuznach, Lüdenscheid, Hannover, Backnang, Moskau und Bangkok. Bangkok? Ich drehte den Brief um und stutzte. Tatsächlich, an mich adressiert.

Wie sich herausstellte, schien ich es über Nacht zum Herzensbrecher der Nation gebracht zu haben. Was sage ich: der ganzen Welt! Denn es waren in der Tat auch Briefe aus Österreich, Slowenien, Iran, Sudan, Brasilien und Grönland dabei. Alle von Frauen, die sich vorstellen konnten, den Rest ihres Lebens mit mir zu verbringen.

Verdutzt und auch ein wenig geschmeichelt begann ich die Lektüre und guckte mir die vielen beigelegten Fotos an. Nach einiger Zeit stellte ich fest, dass viele der abgebildeten Frauen nach zwei oder drei Bier viel besser aussahen als vorher, und ich begann von dem einen oder anderen Abenteuer zwischen Kaukasus und Rocky Mountains zu träumen. Erst viel später begann sich in mir die Frage zu regen: Warum schreiben die eigentlich alle mir? Und warum erst jetzt? Ich meine, hey, man lebt ja schon etwas länger auf dem Planeten, da hätte die holde Weiblichkeit auch früher draufkommen können, einen mit unaufgeforderten Liebesergüssen zu bombardieren. Andererseits: Wie sind die eigentlich alle auf mich gekommen?

Es ist ja nicht so, dass man weltberühmt wäre und dass die Adresse in jedem Käseblatt des Universums nachzulesen wäre. Oder doch? Das Nächste, was ich tat, war, das nächstliegende Käseblatt herauszukramen, das *Rissener Tagblatt* (und an der Stelle will ich ausdrücklich betonen, dass Rissen ein ganz toller Stadtteil von Hamburg ist und das Tagblatt jederzeit konkurrenzfähig mit der *New York Times*!). Ein schrecklicher Verdacht hatte mich beschlichen. Konnte es am Ende sein . . .? Ich blätterte. Politik. Wirtschaft. Kultur.

Nichts. Und dann natürlich noch die ganzen Kleinanzeigen. Gesucht und gefunden, Kfz-Markt, Haustierbörse, Partnersuche.

Partnersuche!

Ein Blitz durchfuhr mich. Denn von der ersten Seite der Singleanzeigen blickte mir mein eigenes Konterfei entgegen. Es war dieses dümmliche Bild, das meine Mutter mal auf Teneriffa von mir gemacht hatte und auf dem ich wie eine erschreckte Giraffe gucke. Geschockt griff ich zum Telefon und wählte Kurzwahl 1: Mama. Sie schien auf den Anruf gewartet zu haben, denn sie war schon dran, bevor es überhaupt geläutet haben konnte. »Klausi?«

»Mama, bitte, nenn mich nicht immer Klausi!«

»Wie geht es dir, Junge? Was machen die Knie?«

»Ach, die Knie sind natürlich ... vor allem das linke ... Äh, Mama, lenk jetzt nicht ab. Ich weiß, was du getan hast!«

»Um Himmels willen, Klausi, du sprichst ja, als hättest du gerade einen Horrorfilm geguckt.«

»Du hast eine Anzeige für mich in die Zeitung gesetzt!«

Ein kurzes Zögern nur, aber ich konnte es nicht genau deuten. Grinste sie? Gähnte sie? Aus der Frau wird man nicht schlau. Schließlich atmete sie durch und sagte: »Hübsch, nicht wahr?«

»Hübsch? Ich glaub's nicht. Du hast das wirklich getan? Ich meine, es hätte ja ein blöder Scherz von meinem Kumpel Karl-Heinz sein können. Oder ...«

»So was macht ihr? Im Ernst? Finde ich aber ziemlich kindisch, Klaus.«

Ich schloss die Augen und zählte innerlich bis acht. Das soll ja helfen, um wieder runterzukommen. Brachte nichts. »Hör mal, Mama, das kannst du doch nicht machen!«

»Warum denn nicht, Klausi? Ich fand das eine richtig gute Idee.«

»Ich gehe hier unter in Briefen!«, jammerte ich. »Und das ist irre peinlich!«

»Ach was. Da dran ist gar nichts peinlich. Königin Silvia hat ihren Mann auch durch eine Anzeige kennengelernt.«

»Quatsch, Mama, die war Hostess für den König bei Olympia.«

»Hostess? Um Gottes willen! Ich wusste nicht, dass die Arme aus solchen Verhältnissen stammt. Dann war es eben die Queen.«

»Die Queen kannte ihren Mann schon im Kindergartenalter.«

»Wirklich? Ich dachte, auch in England wären Kinderehen ...«

»Mama! Es geht hier nicht um die Queen oder sonst jemanden, sondern um mich!«

»Ja, mein Junge«, sagte sie und kicherte. »Es geht immer um dich, was?«

»Das ist so was von megapeinlich.«

»Ach was, papperlapapp. Was du brauchst, ist jemand, der sich um dich kümmert. Eine Frau wäre gerade das Richtige. Du bist schließlich nicht mehr der Jüngste. Gibt ja nichts Trübsinnigeres, als alleine zu Hause herumzusitzen und keine Ansprache zu haben.«

»Das musst du gerade sagen.« Ein Fehler. Ich hätte nicht in diese Kerbe schlagen dürfen. Auf solche Vorhaltungen hat Mama immer eine gute Antwort. »Bei mir ist das was anderes, Junge, ich bin schließlich selber eine Frau. Die braucht keinen Mann. Jedenfalls keinen, der zu Hause rumsitzt und

Unordnung macht, so wie alle Männer, wenn sie erst mal in die Jahre kommen. Hast du denn überhaupt gelesen, was ich geschrieben habe?«

»Ich trau mich nicht.«

»Doch, doch, lies mal. Es wird dir gefallen!«

Und ich las:

> *Jugendlicher Rentner (relativ unsportlich, leicht vergesslich, einigerma-ßen humorvoll, schnell erregbar) sucht jung gebliebene, ordentliche Part-nerin zur Freizeitgestaltung. Eigenschaften wie Kochen, Nähen, Putzen, körperliche Reinlichkeit und finanzielle Unabhängigkeit sind Voraus-setzungen.*

In diesem Fall half Bier, wie ich schnell feststellte, gar nichts. Da musste Härteres her. Aber selbst nach drei Schnäpsen war die Anzeige für mich so was wie ein gesellschaftliches Todes-urteil.

»Was hast du dir nur dabei gedacht, Mama?«, stammelte ich, als ich endlich meine Sprache wiedergefunden hatte. »Das kannst du doch nicht machen! Wo ist das denn überall erschienen?«

»Och, nur in ein paar Zeitungen und Zeitschriften. Und natürlich in verschiedenen Online-Foren. Übrigens hast du morgen einen Termin am Tegernsee, um . . .«

Das war der Moment, in dem ich den Hörer auf die Gabel knallte und aus dem Haus rannte, um sämtliche Zei-tungen und Zeitschriften zu kaufen, derer ich habhaft werden konnte.

Was soll ich sagen: Es stand in praktisch allen Medien. Und auf allen Foren. Von »liebe-und-partnerschaft-fuers-

alter.de« bis »senioren-tinder.com«. Ein einziger riesiger Alb-
traum, aus dem ich auch nach vier weiteren Schnäpsen einfach
nicht erwachte (weil ich stattdessen in einen gnädigen Schlaf
fiel).

Zum Glück war ich am nächsten Tag so mit Reisevorberei-
tungen beschäftigt, dass ich gar keine Zeit mehr hatte, über
Mamas bösen Streich mit der Kontaktanzeige nachzudenken.
Stattdessen hatte ich einen Besichtigungstermin im Süden der
Republik und saß deshalb früh im Flieger und später im Miet-
wagen.

Tegernsee. Ein Idyll in Oberbayern. Wer noch nicht da
war, sollte unbedingt einmal hinfahren. Die Berge sind hoch,
der See ist tief, das Bier schmeckt, die Kellnerinnen tragen
Dirndl, und die Sprache klingt guttural und behauptet,
Deutsch zu sein.

Etwas oberhalb des Sees auf einer Anhöhe steht das »Gut
Tattern«, nach eigenen Angaben »eine der schönsten Seniorenresidenzen der Welt«. Warum nicht gleich des ganzen
Universums! Aber gut, man soll ja keine Vorurteile haben. Ich
hatte meiner Mutter versprochen, mir den Laden mal anzusehen, und ich würde dieses Versprechen halten, verdammt
noch mal.

Sehr gediegen empfing mich das Anwesen im typisch
alpenländischen Stil mit einem Wahlspruch über dem Portal:
»Grüß Gott im Gut Tattern.« Irgendwie kam mir der Slogan
seltsam vor, ich hätte aber nicht sagen können, weshalb.

»Tachchen, Herr Berg!«, begrüßte mich der Chef, ein sehr vitaler, jovialer und lackierter Berliner in Lederhose und Lodenjanker. »Wie schön, dat Sie den Weg zu uns jefunden ham!«

»Hatten Sie Zweifel?«, fragte ich zurück und erntete ein Lachen und ein Augenzwinkern.

»So ist's recht, Herr Berg«, erwiderte der Mann. »Um keenen Witz verlejen. Det jefällt mir.« Er wies mit seiner Hand in die Halle, die aussah, als hätte man das Adlon einer Trachtenkur unterzogen. »Bitte, nehmse Platz. Kaffee? Tee?«

Ich schüttelte den Kopf. »Danke, nichts.«

»Wie Se wünschen.« Er setzte sich mir gegenüber und hob die Hände in einer etwas hilflosen Geste. »Also, ehrlich gesagt«, fing er an und rollte auf erschreckende Weise die Augen. »Ick weeß jetz nich janz jenau, wat wir für Sie tun können. Ihre Frau Mutter hatte ja anjerufen . . .«

»Richtig. Sie sucht einen Platz in einem schönen Altersheim.«

»Da muss ick deutlich widersprechen: Et handelt sich hier um eine Seniorenresidenz.«

»Macht das einen Unterschied?«

»Na, für uns natürlich schon. Und für unsere Bewohner erst recht! Und nu sindse hier, um unser Haus in Augenschein zu nehmen.«

»Richtig.«

»Darf ick fragen: Wie alt ist Ihre Frau Mutter denn?«

»Tja, also, natürlich dürfen Sie das fragen. Sie ist sechsundneunzig. Aber wieso interessiert Sie das?«

»Na, denn müssen wir beispielsweise überlejen, dat wir nicht ausjerechnet n Appartemang im vierten Stock für sie suchen, nich wahr? Ick meene, von wegen der Treppen. Obwohl wir selbstverständlich über Aufzug verfüjen und ...«

»Es geht aber gar nicht um meine Mutter«, erklärte ich mit einem Lächeln, das es mit seinem locker aufnehmen konnte.

»Ach? Sondern?«

»Um mich.«

»Oh!«

Als ich das Gut Tattern wieder verließ, strahlte mir das Tegernseer Tal in all seiner Schönheit entgegen. Auf dem Wasser tummelten sich Segelboote, auf den Terrassen der zahllosen Restaurants führten die Kellnerinnen ihre prächtigen Dekolletés spazieren, ein paar Kinder stritten sich am Ufer um einen toten Fisch – und ich hatte plötzlich das Gefühl, dieser Fisch wäre ich.

So viel schönes Leben ringsumher – und ich gehe allen Ernstes Altersheime besichtigen. Geht's noch? Von einem plötzlichen heiligen Zorn ergriffen, rief ich meine Mutter an (die gerade am Flughafen war und auf ihre Maschine Richtung Costa del Sol wartete), um ihr gehörig die Meinung zu geigen.

»Junge, ich habe nicht viel Zeit«, meldete sie sich. »Was gibt's?«

»Mama, ich war in diesem Altersheim ...«

»Du meinst, in einer Seniorenresidenz?«

»Jedenfalls war ich auf Gut Tattern.«

»Oh, wie schön. Und wie war es dort?«

»Der Name ist Programm.«

»Nun sei nicht so zynisch, Junge. Soll ich dir vielleicht einen Platz in der Kita suchen?«

Der erste hellsichtige Gedanke meiner Mutter seit Langem, wie ich fand. »Im Ernst, Mama«, sagte ich. »Das ist nichts für mich. Lauter alte Leute. Und dann dieses Ambiente. Da komme ich mir vor wie . . .«

»Wie was, mein Guter? Sechsundsiebzig? Ich hoffe, du schwindelst dir nicht selber was vor wegen deines Alters?«

»Hör mal, Mama. Du bist doch gerade mal wieder auf dem Weg in den Urlaub. Und du bist um einiges älter als ich.«

»Zumindest kann ich so einen Flug gut überstehen, ohne aufs Klo zu müssen«, erklärte sie gehässig. »Oder hab ich es etwa mit der Prostata?«

»Mama, du hast gar keine Prostata.«

»Eben«, sagte sie, als sei damit alles geklärt. »Und jetzt muss ich zum Gate.«

»Mama, hör mal, ich . . .« Aber sie hatte schon aufgelegt.

Wie sie mich wenig später mit einer Kurznachricht aus Andalusien wissen ließ, hatte meine Mutter mir eine ganze Reihe von Terminen gemacht: Montag Gut Tattern, Mittwoch das »Seniorenschlössl« im Bayerischen Wald (Hallo! Ich wohne in Hamburg. Was soll ich quasi im Ausland?). Freitag sollte ich die »Happy End Residenz« auf Usedom besuchen. Am Sonntag war dann Schloss Oberübelbach dran. Das Programm der nächsten Woche würde Mama mich »rechtzeitig wissen lassen«.

Ich bin ein Mensch, der gerne reist und auch gerne viel. Aber mussten es sämtliche Seniorenheime der Republik sein? War es nicht geradezu der Beweis, dass ich weit davon entfernt war, ein solches Heim zu brauchen, wenn ich wie ein Verrückter kreuz und quer durch die Republik jettete?

Nun, ich mietete mir einen schnittigen Wagen, tippte die gesammelten Reiseziele in das Navi und hoffte, dass die Bordelektronik angesichts dieser Herausforderung nicht explodierte. Tat sie nicht. Aber *ich* wäre fast explodiert, weil ich mit der Technik nicht zurechtkam. Immerhin konnte ich umbuchen: »Haben Sie vielleicht ein Auto für mich, das ohne den ganzen Schnickschnack auskommt?«

»Was meinen Sie mit Schnickschnack, Herr Dings?«

»Damit meine ich zum Beispiel das Navi, Herr Bums.« Ich holte Luft. »Und überhaupt diese ganzen Touchscreens und die Knöpfe und komischen Keineahnungwas.«

»Tja, also, das sind doch ganz normale Gadgets.«

»Ganz normale was?«

»Na, Extras eben. Dinge, die man im Auto braucht.«

»Ich nicht. Ich hätte gerne einen Wagen, der fährt. Das wäre völlig ausreichend für mich.«

Das Seniorenschlössl

Das Leben steckt ja voller Erkenntnisse. Zum Beispiel, dass es für das Renommee nicht besonders förderlich ist, mit einem Smart vorzufahren, wenn man nicht als Anwärter auf den neu zu besetzenden Hausmeisterposten gelten will. Im »Seniorenschlössl«, mitten im schönen Allgäu gelegen, haben sie mich erst einmal weitergeschickt zum Hintereingang, an dem, vermutlich noch aus grauer Vorzeit, ein Schild angebracht war: »Für Dienstboten und Lieferanten – Hausieren verboten!« Aber das war gar nicht so schlecht. Denn tatsächlich lernt man über das Wesen einer Firma mehr, wenn man sich ihr von der Personalseite her nähert.

Also machte ich erst einmal Kaffeepause mit den Schwestern, die sich bereitwillig über die Zustände im »Schlössl« ausließen. Das Übliche: zu viel Arbeit, zu wenig Geld. Und natürlich ein Chef, der ein Riesena... sei, aber nur einen ganz kleinen Schw... habe. An der Stelle sei vermerkt: Mein Wortschatz an Beschimpfungen und Schlüpfrigkeiten ist in der Viertelstunde um dreihundert Prozent gewachsen. Wenn ich an diesen kleinen Plausch denke, treibt es mir heute noch die Schamesröte ins Gesicht.

Das Problem ist, dass man mit all diesem Insiderwissen kaum noch dem Leiter der Einrichtung entgegentreten kann, ohne ständig an seine Socken zu denken, an seine Haarschuppen oder an viel Schlimmeres. Ich outete mich also als potenzieller »Senior« und bat, mich zu Doktor von Wittich zu bringen (den sie alle Doktor Winzig nannten – weshalb, konnte ich mir ja nun allzu bildlich vorstellen.

Der »Direktor«, wie es hier hieß, empfing mich stehend und schien zu zögern, als er mir die Hand zum Gruß reichte.

»Ihre . . .« Er zögerte. ». . . ähm, Mutter? . . . hat Sie schon angemeldet.«

»Meine Mutter, ja«, sagte ich. »Sie ist sechsundneunzig.«

»Oh. Ja, dann . . .« Er deutete auf einen Sessel, dem ich sofort ansah, dass er als Altenfalle in seinem Büro aufgestellt worden war, so tief und weich, wie er war. »Vielen Dank«, sagte ich. »Ich würde lieber ein wenig gehen.«

»Wie Sie wünschen, Herr Berg.« Er deutete zur Tür und eröffnete einen Rundgang, den ich so schnell nicht mehr vergessen würde.

Zunächst schien alles ganz harmlos: Man lief über trittsichere PVC-Böden und an Pflanzkübeln vorbei, wie man sie in allen Krankenhäusern der Republik findet. Das ist zwar nicht unbedingt ein ästhetischer Genuss, aber man stößt sich nicht daran.

Anders als an den Bildern, die an der Wand hingen. Van Goghs Sonnenblumen natürlich. Und Monets Seerosen. So weit, so gut. Ein Gauguin, ein Renoir. Alles Drucke hinter Glas. Doch dann kamen einige Kunstwerke, die die Bewohner (fast hätte ich gesagt: die Insassen) selbst gemalt hatten. Albträume hinter Glas, gegen die Edvard Munchs »Schrei« die reinste Kinderzimmerdekoration war.

Fiese Gestalten in noch fieseren Farben. Ich stöhnte.

»Ah«, rief Doktor von Wittich. »Sie haben unsere Meisterwerke entdeckt.«

»Meisterwerke?«

»Aber ja! Wir sind sehr stolz darauf, in unserer Altenbetreuung eine hochkarätige künstlerische Inspiration bieten zu können. »Tatsächlich?«, stotterte ich. »Künstlerische Inspiration? Und wer nimmt an so was teil?«

»Das ist ein sehr beliebtes Angebot, an dem erstaunlich viele unserer Bewohner mitwirken. Sie glauben gar nicht, welche Fähigkeiten und Begabungen sich hier auftun!«

Ich glaubte es wirklich nicht. Aber das sagte ich nicht. Stattdessen räusperte ich mich und fragte: »Aber man muss nicht teilnehmen, oder?«

»Keineswegs – wir haben auch viele andere Angebote! Zum Beispiel unsere Big Band, an der Sie mitwirken können, falls Sie ein Instrument spielen oder eines erlernen wollen . . . Die gibt übrigens nachher ein Konzert – Sie sind herzlich eingeladen, sich die Aufführung anzuhören.«

»Sehr freundlich.« Ich versuchte meine Zweifel mit einem Lächeln zu überspielen.

Dann kamen wir zum *Salon*: »Hier trifft man sich abends«, erklärte der Leiter der Residenz, »wenn man noch Lust auf ein wenig Geselligkeit hat.«

»Um was zu machen?«

»Oh, wir haben natürlich Gesellschaftsspiele.«

»Mau-Mau? Mensch, ärgere dich nicht?«

»Ganz recht. Halma . . .«

»Strip Poker?«, fragte ich.

Er zögerte, blickte mich mit einem Ausdruck des Entsetzens an, doch dann lachte er. »Sie sind ein Spaßvogel, Herr Berg! Beinahe hätten Sie mich drangekriegt.«

Es folgten der Speisesaal, der mir in seiner Trostlosigkeit geradezu ideal zum Ausbilden einer spontanen Depression schien; ein Musterzimmer (über dem Bett ein Kruzifix, an der Wand gegenüber ein Gemälde aus der hauseigenen Produktion). »Sehr schön«, sagte ich. »Und die Bar?«

Doktor Winzig nahm seine Brille ab und rieb sie an seiner Krawatte. »Eine Bar haben wir leider nicht.« Er setzte sie wieder auf. »Aber ein Kneipp-Becken! Kommen Sie mit!«

Ich aber hatte genug gesehen und sagte daher hastig: »Ich sehe schon. Das ist hier alles mehr als vorbildlich. Und Sie machen Ihrem Namen alle Ehre.«

»Äh, ja, gewiss«, sagte Doktor Winzig, der offenbar nicht recht wusste, wie mein Lob gemeint war. Ich aber hatte beschlossen, den Tegernsee Tegernsee sein zu lassen. Vielleicht war es ein Wink des Schicksals, mich in nördlichere Gefilde zu begeben.

Und immerhin stand für den nächsten Tag ja auch tatsächlich eine Station in Norddeutschland auf dem Programm: Mecklenburg-Vorpommern!

Die Ü-70-Party

Usedom gilt zu Recht als eines der schönsten Plätzchen im Lande. Umgeben vom Meer, in schönster Natur, mit wunderbaren Stränden und erstklassigen Restaurants. Jede Menge Sonnenstunden runden das paradiesische Ambiente ab. Es war deshalb nicht ganz fair, dass es wie aus Kübeln goss, als ich mit meinem Smart auf dem Parkplatz der Happy End Residenz vorfuhr, der zu allem Überfluss dreihundert Meter zu Fuß vom Verwaltungsgebäude entfernt lag. Zum Glück hatte ich mir in der Apotheke, wo ich mir ein Paar neue Stützstrümpfe ... aber lassen wir das. Also, zum Glück hatte ich diese kleine Plastiktüte, die ich aufsetzte, sodass ich wenigstens den Kopf vor dem Regen schützen konnte.

An der Tür stand eine Frau mittleren Alters in einer adretten Schwesternuniform. »Ah!«, rief sie. »Da sind Sie ja endlich! Alle warten schon auf Sie!« Dass sie aus Sachsen stammte, war unüberhörbar.

Mir war erstens nicht klar, dass ich spät in der Zeit lag, zweitens überraschte mich, dass mich »alle« erwarteten. Und während ich mich noch fragte, wer denn überhaupt »alle« wären, hatte mich die ebenso fröhliche wie resolute Frau bereits untergehakt und zerrte mich einen Gang entlang, um mir noch »einiges zu erklären«.

Sicher ist es nicht ausgeschlossen, dass ich nach dem Weg durch den strömenden Regen etwas seltsam aussah. Aber dass sie mich in ein Zimmer schob, das ich unschwer als Garderobe erkannte, irritierte mich dann doch. »Jetzt müssen wir aber schnell machen«, erklärte sie. »Einige sind schon eingeschlafen.«

»Eingeschlafen? Ich verstehe nicht . . .«

»Und die können Sie erst mal abnehmen.« Sie deutete auf meine Plastiktüte, die ich infolge der Überrumpelung immer noch auf dem Haupthaar trug. »Obwohl ich das eine lustige Idee finde. Clown mit Tüte als Hut hatten wir noch nicht.«

»Aha«, sagte ich und sah mich unauffällig nach einem Fluchtweg um. Die Frau machte mir Angst. »Wie jetzt? Clown?«

»Hach, Sie sind ja wirklich lustig!«, lachte sie und schüttelte den Kopf. »Kommen Sie, hier ist alles zum Schminken.«

»Äh, Schminken?«

»Sie werden doch nicht so bleiben wollen?« Sie deutete auf mein Gesicht, als hätte ich eine Pestbeule auf der Nase.

»Also, ich . . . ich dachte eigentlich schon. Ich meine . . . Entschuldigung?!« Meine Verwirrung wich allmählich der Verärgerung. »Was soll das hier eigentlich werden?«, fragte ich und nahm endlich die Tüte vom Kopf. Vielleicht war es die Frisur. Vielleicht war's der Ton. Jedenfalls griff sich die Schwester erschrocken an die Brust und hauchte: »Oder sind Sie gar nicht der Clown?«

Ich zählte heimlich bis acht, was ich immer mache, wenn ich innerlich zu aufgewühlt bin, um spontan was Intelligentes zu sagen. Dann zuckte ich mit den Schultern. »Kommt drauf an, wen Sie fragen«, erwiderte ich. »Meine Mutter würde vermutlich sagen: doch. Was mich persönlich betrifft, möchte ich gerne darauf hinweisen, dass ich nicht als Alleinunterhalter angereist bin, sondern als potenzieller Kunde.«

»Ach Gottchen!«, rief sie, und vor Aufregung schlug ihr sächsischer Akzent nun vollends durch. »Das tut mir ja wahnsinnig leid. Ich dachte... also... weil doch der Clown... Ich meine: wegen der Alten. Und so.«

»Und so«, wiederholte ich und ließ alle Autorität, zu der ein Mann fähig ist, der aussieht wie frisch aus dem Gully gezogen, in meine Stimme fließen. »Ich stelle hiermit fest, dass ich Klaus Berg bin und einen Termin zur Besichtigung Ihres Etablissements habe. Ich liege gut in der Zeit und wurde leider vom Regen überrascht. Und von Ihnen ebenfalls.«

»Ja, aber der Clown...?«

»Über den kann ich nichts sagen. Will ich auch gar nicht.«

Der Clown kam eine halbe Stunde später. Zu dem Zeitpunkt schlief ein Drittel des Publikums bereits tief und fest in seinen Stühlen, ein weiteres Drittel befand sich auf der Toilette, und der Rest spielte mit seinen Zähnen oder dem Hörgerät herum. Trotzdem war's, offen gesagt, ganz lustig. Denn der Chef der Einrichtung hatte mich gleich zu der Aufführung eingeladen, und ich konnte mich bei einem Glas Salbeitee dazusetzen und die Show mit ansehen. Er war ein Zauberclown und Mentalist. Für alle, die's nicht wissen: Mentalisten sind die Typen, die Ihre Gedanken lesen können. Gefährliche Sache, das. Allerdings nicht bei jedem.

Wenn so ein Mentalist zum Beispiel meine Gedanken lesen müsste, käme nicht viel Arbeit auf den guten Mann zu. Denn mein Denken kreist immer häufiger um die Frage: Wo ist die am nächsten gelegene Toilette?

Anschließend machten wir den obligatorischen Rundgang. Ich muss sagen, nach den Erfahrungen im Seniorenschlössl war die Happy End Residenz schon mehr nach meinem Geschmack. Sie hatten ein Gourmetrestaurant, in dem man sich à la carte sein Essen bestellen konnte (okay, der Hauptteil der Karte bestand aus Kartoffelpüree, Reis und Suppe ohne Einlage); einen Golfplatz (»Vier-Loch?« – »Ach, wissen Sie, wir haben uns entschieden, statt der restlichen Löcher noch ein paar mehr Bänke aufzustellen. Mehr als vier Löcher geht hier keiner.«), einen Fitnessraum mit Animateurin (also, eigentlich nannte sie sich »Physioberaterin«, sah aber aus wie eine Animateurin der Aussegnungshalle am Friedhof in Köln). Und eine Hausdisco.

»Echt jetzt, eine Disco?« Wow, das Leben kann so schön sein. Auch für Alte.

»Sicher. Und sie kommt bei unseren Bewohnern sehr gut an!« Der Chef der Einrichtung ging voran. Der Club lag im Keller. An den Wänden hingen große Plakate von coolen Musikern: Bill Ramsey, Chris Roberts, Rudolf Schock.

Mittig über der Tanzfläche eine Glitzerkugel, hinter der Bar Getränke wie Dujardin, Der gute Pott und Asbach Uralt. Wahrscheinlich würde der Barmann am Abend daraus Rentner-Flip und Schinkenhäger Sour mixen. »Hübsch«, sagte ich und versuchte, nicht auf die Lehnstühle zu glotzen, die an der Wand standen. »Und hier wird dann wie oft abgehottet?«

Er lachte herzlich und zwinkerte mir zu. »Abgehottet!«, rief er. »Sie sind mir einer. Aber Sie haben ja recht, genau darum geht es: dass unsere Bewohner sich auch mal ein bisschen verausgaben können. Und dass sie einander mal von einer anderen Seite kennenlernen. Deshalb steigen hier jede Woche Ü-70-Partys.«

»Wie nett.« Ich versuchte, mein Missfallen zu verbergen. In Wirklichkeit mochte ich mir solche Partys gar nicht vorstellen. Was natürlich unfair war.

Schließlich gehörte ich ja selber schon lange zum Einzugsgebiet. Aber es ist nun einmal so, dass man sich Siebzigjährige wesentlich älter vorstellt, als man sich als Betroffener empfindet. Vielleicht war das der Grund, weshalb meine Mutter einen so seltsamen Blick auf mich hatte. Vielleicht sah sie sich selbst gerade dem Teenageralter entwachsen, während sie in mir vor allem den alten Herrn erkannte.

»Ja. Heute Abend wäre es wieder so weit. Wenn Sie Lust haben, sind Sie herzlich eingeladen!«

»Das ist sehr nett . . .«, hob ich an, um weitschweifig zu erklären, dass ich das leider nicht annehmen könne. Doch ich kam gar nicht dazu. Er klatschte in die Hände und sagte: »Wunderbar, das freut mich!« Und dann schob er so schnell wieder ab, dass ich zusehen musste, wie ich hinterherkam. Da war für einen Einspruch gar keine Zeit mehr. Ich hatte mich übertölpeln lassen.

Das Poolhaus immerhin war ein Traum. Unter einem künstlichen Sternenhimmel schimmerte ein lagunenblaues Schwimmbecken (und ich nahm nur ganz am Rande wahr, dass es die Form einer Niere hatte), umsäumt von Palmen und polnischen Bademeistern. »Wir haben Whirlpool, Solebecken und natürlich Sauna«, erklärte der Geschäftsführer und hakte mich unter.

Ich möchte dem Leser die Details ersparen, wie es dazu kam, dass ich wenig später in besagter Sauna saß. Und der Leserin erst recht. Bitte versuchen Sie, sich die näheren Umstände nicht vorzustellen. Nur so viel: Die Wiederbelebungsversuche waren peinlich, aber erfolgreich.

Hahn im Korb

Mein Kreislauf war zum Glück rechtzeitig wieder stabilisiert, so dass er einem Besuch der Rentner-Disco im Keller nicht entgegenstand (oder in dem Fall eher: entgegenlag). Um 18 Uhr ging das muntere Treiben los: »Kommen Sie nicht zu spät, die Herrschaften halten nicht mehr so lange durch.« Der Sound war bemerkenswert; wir sprechen hier von locker 8000 Dezibel, denn: »Die Herrschaften hören meist nicht mehr so gut.« Und ich kann Ihnen versichern, bei der Lautstärke klingt sogar Bernd Clüvers Hit »Bevor du einschläfst« wie AC/DC.

Nachdem ich mich an die Bar vorgearbeitet und mir einen Eierlikör »on the rocks«, bestellt hatte, stopfte ich mir ein paar kleine Serviettenkügelchen in die Ohren und checkte die Tanzfläche.

Dort hingen ein paar welke Grazien und einige coole Greise, aus den Boxen dröhnte Lena Valaitis, wovon mein Drink sauer wurde. Ich überlegte gerade, dass das Schummerlicht eine schnelle Flucht ohne Gesichtsverlust zuließe, da saß plötzlich eine Lady neben mir, die einem englischen Adelsroman des 19. Jahrhunderts entstiegen zu sein schien. Um den Hals trug sie eine Federboa, auf dem Kopf ein unbeschreibliches Etwas.

Perlenketten hingen ihr bis vor die Kniescheiben (und damit noch ein wenig tiefer als die Brüste), das Schuhwerk schien eine Kreuzung aus Louboutin und Birkenstock zu sein. Das Lächeln aber, das war wahrlich gefährlich. Sie blickte über den Tresen und fragte den Barmann mit rauchiger Stimme: »Danny, hast du so einen auch für mich?« Wobei sie irritierenderweise nicht auf meinen Drink, sondern auf mich zeigte.

Es stellte sich dann schnell heraus, dass Luise eine echte von und zu irgendwas war, dass sie ihre Millionen mit geschickten Eheschließungen gemacht hatte, dass sie schon seit einigen Jahren hier lebte und im Grunde die heimliche Herrscherin der Happy End Residenz war. Wenn man ihr glaubte. Wenn man dem Barmann glaubte, der später mal neben mir am Pissoir auftauchte, war sie Lieselotte Müller, schuldete dem Seniorenheim schon seit Monaten die Beiträge und konnte nur deshalb nicht auf die Straße gesetzt werden, weil man schlechte PR fürchtete. Die Geschichte mit den Ehen stimmte. Allerdings umgekehrt: Die Typen hatten sie fallen gelassen und ihr das Friseurinnengehalt abgenommen.

Eigentlich eine rührende Geschichte. Und ich will ganz ehrlich sagen, dass mich »Luise« durchaus berührte. Während sie sich allerdings in den Kopf gesetzt hatte, mich auf ganz andere Weise zu berühren. Und zwar mit den »Waffen einer Frau«. Und auch wenn sie bei ihr schon etwas stumpf geworden sein mochten: Die Wucht, mit der sie sie einsetzte, hätte den stärksten Ochsen umgehauen. In meinem Fall kam ihnen allerdings eine Gehhilfe zuvor, die jemand auf eine geradezu perfide Weise im Weg hatte stehen lassen, als mich »Luise« in weitem Bogen über die schummrig beleuchtete Tanzfläche schleuderte.

Die Gehirnerschütterung war gottlob nur ersten Grades. Die Prellungen an den Weichteilen blieben für den Rest der Welt unsichtbar. Und die zwei Tage kostenlosen Aufenthalt, die ich auf das kleine Malheur hin genießen durfte, verbrachte ich bei bestem Seeblick im Bett. Natürlich allein. Was dachten Sie denn?!

Der Residenz-Test

Man kennt es vom Autokauf. Auch bei der Anschaffung von Matratzen wird es angeboten: »Testen Sie uns unverbindlich zwei Wochen lang!« Aber beim Seniorenheim? Dabei wäre es dort sogar am allerwichtigsten. Schließlich ist es für die meisten Bewohner – machen wir uns nichts vor – die letzte Station im Diesseits. Ich kenne ungelogen Leute, die sich schon mal in den Sarg begeben haben, »zum Probeliegen«. Aber im Altenstift? Mir nicht bekannt, dass da schon mal jemand zu Testzwecken eingezogen wäre. Vielleicht liegt es auch daran, dass man dort ohnehin so schwer einen Platz bekommt.

In meinem Fall nun war offenbar die Sorge groß genug, ich könnte die Happy End Residenz juristisch belangen, nachdem man fahrlässig Gegenstände auf der Tanzfläche hatte stehen lassen, gegen die ich durch Fremdeinwirkung gedonnert war. Jedenfalls bekam ich – nach mehreren medizinischen Checks – eine First-Class-Unterkunft, um mein Wochenende dort zu verbringen. Dass ich für einen Aufenthalt nicht ausgestattet war, ließ man nicht gelten: »Wir besorgen Ihnen alles, was Sie brauchen, Herr Berg.« Ich konnte ja nicht wissen, dass sie offenbar einen farbenblinden Transvestiten für mich zum Einkaufen schicken würden. Jedenfalls kann ich die Wechselkleidung, die ich wenig später auf meinem Zimmer vorfand, immer noch bestens benutzen. Für den Karneval.

Dafür besuchte mich Schwester Astrid in Abständen, wie man sie eher im Gefängnis vermutet, aus Angst vor Selbstmord des Insassen. Praktisch viertelstündlich stand sie bei mir auf der Matte, um mich zu fragen, wie es mir ginge und ob sie was für mich tun könne. Nun gebe ich zu, dass die permanente Anwesenheit einer fürsorglichen Frau für einen Single-Mann in einem gewissen Alter eine sehr schöne Erfahrung sein kann. Aber Schwester Astrid ... Als der liebe Gott diese Frau erschaffen hat, muss er wohl gerade sehr abgelenkt gewesen sein. Mit dem Charme einer Gewürzgurke und der Stimme einer Kreissäge gesegnet, stürmte sie bei jeder sich bietenden Gelegenheit in mein Zimmer und »kümmerte« sich um mich: Mal waren es die Kissen, die sie aufschütteln musste, mal das Wasser, das sie brachte. Mal fragte sie, ob ich Kaffee wollte, mal erkundigte sie sich nach meinem Stuhlgang. Ganz groß war sie im Vorhängezurückziehen. Noch größer im Vorhängezuziehen. Als sie dann auch noch mich ausziehen wollte, erbat ich mir den Rest Privatsphäre, den man in diesem Etablissement offenbar an der Eingangstür zurückließ.

In der Tat war das ein Problem, das mir auch bei späteren Besichtigungen auffiel: Es gibt nur wenige persönliche Rückzugsmöglichkeiten in Altenheimen. Sicher, wenn statt einer Schwester, die aussieht wie das Gegenteil eines Bondgirls, eine liebenswerte Betreuerin in der Tür steht, die Herz und Auge erfreut, dann mag es ein Segen sein, dass sie rund um die Uhr präsent ist. Doch ich weiß, dass eine solche Vorzugsbehandlung nur Superreichen zuteilwird. Und dass echte

Bondgirls im echten Leben eben nicht vorkommen. Zumindest nicht in meiner Welt.

Das Essen! Also, wenn man es so nennen will. Sehr bekömmlich, das muss ich zugeben. So bekömmlich, dass mir außer der Tatsache, dass es zweifellos über alle Maßen bekömmlich war, keine Eigenheit mehr einfällt, die ich erwähnen könnte. Eher die Abwesenheit sonstiger Eigenheiten. Wie zum Beispiel Geschmack. Dergleichen war bei der Kost, die man in der Happy End Residenz angeboten bekam, nicht auszumachen. Als mir Schwester Astrid den *Rollbraten an Wirsing mit Rübchenpüree à la Guillotine* (oder so) brachte, hätte ich nicht sicher zu sagen vermocht, was davon nun genau was war. Außer dass es alles geschmacklos war. Immerhin gab es dazu frischen Multivitaminsaft, der allerdings ganz anders schmeckte. »Hätten Sie vielleicht ein Glas Roten dazu?«, wagte ich schüchtern zu fragen.

»Aber gar kein Problem, Herr Berg!«, flötete Schwester Astrid und war – der Kopfschmerz, den ihre Antwort bei mir auslöste, war noch nicht ganz verklungen – schon mit einem Glas zu Stelle. Rote-Bete-Saft, wie ich leider erst feststellte, als sie die Tür bereits geschlossen hatte (sodass das Glas sein Ziel verfehlte).

Der Koch stammte offenbar aus der Schule der sogenannten Molekularküche. Jedenfalls hätte man das Zeug auch intravenös verabreichen können, so zerkocht war es. Ob man damit allerdings womöglich eine Blutvergiftung riskiert hätte, dazu fehlt mir das medizinische Fachwissen.

Apropos Fachwissen! Der Arzt kümmerte sich rührend um mich. Nachdem er mit seinem Hämmerchen alle Reflexzonen abgeklopft hatte (seltsamerweise auch welche, die ich nicht kannte), verordnete er mir eine »Packung«. Zuerst dachte ich, es handle sich um eine Schachtel Medikamente. Doch wie sich herausstellte, war damit eine Art Schlammkur gemeint, für die man mich von oben bis unten nackt mit braunem Brei einrieb, dessen Farbe, Konsistenz und Temperatur unschöne Assoziationen weckte. Anschließend wurde ich in Handtücher gepackt (sprich: Die Packung war ich!). Mir war gerade tröstlich aufgefallen, dass die Mitarbeiterinnen im »Health Kitchen« genannten Bereich bedeutend attraktiver aussahen als Schwester Astrid, da bekam ich ein Handtuch über die Augen gelegt, und eine Stimme sprach zu mir: »Entspannen Sie sich, Herr Berg. Für die nächsten drei Stunden lassen wir Sie völlig in Ruhe. Nehmen Sie sich diese Auszeit und genießen Sie die leise Musik, die wir für Sie anmachen.«

Ich wollte gerade anmerken, dass ich vielleicht lieber noch einmal für kleine Jungs gegangen wäre, wenn ich gewusst hätte, dass es drei Stunden dauern sollte (und vor allem, dass ich mich so eingewickelt keinen Fingerbreit rühren konnte), doch in dem Moment ging die Musik schon an, die Tür schloss sich, und ein leises Gedudel drang aus den Lautsprechern, die irgendwo über mir zu schweben und in direkten Dialog mit meiner Blase zu treten schienen.

An dieser Stelle möchte ich eine Stellungnahme abgeben, von der ich hoffe, dass sie die Verantwortlichen erreicht und ihnen zu denken gibt. Es steht nirgendwo geschrieben, dass das Plätschern von Wasser den Geist beruhigt, wenn man gerade auf die Toilette muss. Wer immer sich die »Entspannungsklänge« und die »beruhigenden Melodien« ausgedacht hat, mit denen tagtäglich Menschen in Behandlungszimmern aller Art gefoltert werden – er möge dafür auf ewig in der Hölle schmoren. Ich kann nur sagen, dass die »Health Kitchen« für mich in diesen drei Stunden etwas wurde, was sehr ähnlich klingt, aber ganz und gar nicht dasselbe ist. Und wenn mir der Komponist dieser Klangfolter jemals zwischen die Finger kommt, dann wird er erfahren, was eine Packung ist.

Aber zurück zu meinem unverhofften Testwochenende in der Happy End Residenz: Nachdem die Wiederbelebung gelungen, der Herzinfarkt gerade noch abgewendet und der Blasenstau beseitigt war, lud mich der Leiter der Institution zu einem kleinen Spaziergang ein, um mir »ein wenig von unserer wunderschönen Natur« zu zeigen.

Wer schon mal auf Usedom war, weiß, dass es da wunderschöne Natur gibt. Ich kann das bestätigen. Sehr viel Natur sogar. Selten bin ich in meinem Leben so zerstochen worden wie auf den paar Metern vom Seniorenheim an den Strand. Aber auch sonst: Sand in rauen Mengen bei kräftigen Winden.

»Wissen Sie, lieber Herr Berg«, ließ mich der Herr Direktor bei unserem kleinen Spaziergang wissen, während ich mich gegen die Strandmücken abklatschte, »Wissen Sie, die Happy End Residenz will mehr sein als ein Wartesaal auf dem Weg ins Jenseits.« An der Stelle musste ich schlucken, das weiß ich noch ganz genau. »Sie will den alten Menschen eine Heimat sein, ein Ort der Zusammengehörigkeit, eine Gemeinschaft, wie viele der Gäste, die zu uns kommen, sie schon lange nicht mehr erlebt haben. Viele, ja sogar die meisten, sind seit Jahren allein. Aber muss das denn sein?« Er blieb stehen und sah mir in die Augen, während ich mit der flachen Hand eine Mücke mitten auf meiner Wange erschlug. »Nein!«, rief er. »Das muss nicht sein! Auch alte Menschen wollen Spaß und Unterhaltung.« Ich nickte und holte aus, weil ich sah, wie sich eines der Viecher auf seine Stirn setzte. »Und Freundschaft!«, rief er pathetisch aus, während ich zuschlug.

Als er sich wieder aufgerappelt hatte, gingen wir weiter. Er war jetzt nicht mehr ganz so eloquent. Aber was er sagte, gab mir doch zu denken. »Die Wahrheit ist: Auch wenn wir alt sind, haben wir Bedürfnisse. Sie, ich, wir alle.« Schon fürchtete ich, er wollte mir einen Heiratsantrag machen, da stellte er klar: »Austausch. Ansprache. Kameradschaft.«

»Gutes Essen«, sagte ich, um auch mal was zu sagen.

»Hm. Ja«, sagte er. »Sicher.«

»Sex«, sagte ich.

»Ähm, wollen wir wieder zurückgehen?«, schlug er vor und wirkte irgendwie nervös.

»Gute Idee«, sagte ich. »Die Mückenplage hier ist ja geradezu biblisch.«

»Bisschen viele dieses Jahr«, stimmte er zu. »Aber man gewöhnt sich daran.«

Erst als die Tür hinter uns zufiel, fiel mir auf, dass ich kaum den Strand gesehen hatte, weil ich so auf die Fauna konzentriert gewesen war.

Das aber konnte ich dann immerhin am nächsten Tag nachholen. Aus der Hausapotheke hatte ich mir ein Mückenschutzmittel geholt und großzügig drin gebadet. Diesmal war es auch in der Tat vergnüglicher, weil ich mir die Ratschläge des Herrn Direktor ersparte und allein hinunter ans Meer ging. Der Wind hatte sich etwas gelegt, die Sonne strahlte, und einige entzückende Wesen lagen am Strand und beteten die Sonne an. Leider nicht nur sie. Denn da lagen auch ein paar weniger entzückende. Ach, was sage ich, ein paar – gefühlte Millionen davon! Quallen. Feuerquallen, Pest- und Choleraquallen. Im ersten Moment dachte ich noch: Ui, ist der Sand aber heiß! Im nächsten Moment fühlte es sich an, als hätte ich mein Bein in ein Fass Salzsäure gestellt. An den übernächsten Moment kann ich mich nicht mehr erinnern. Ich weiß nur, dass ich offenbar erneut auf der Liege im Krankenzimmer der Happy End Residenz lag und das sorgenvolle Gesicht des Arztes über mir schwebte. Im Hintergrund hörte ich die Stimme des Direktors: »Der gute Mann ist ein Problembär«, sagte er. »Den Teufel werden wir tun, ihn bei uns aufzunehmen. Der macht Probleme, wo er auftaucht. Seit er hier ist, ist das ja das reinste Irrenhaus hier ...«

Der Arzt räusperte sich und wandte sich zu ihm um. »Herr Schneider, ich glaube, der Patient ist jetzt wieder wach.«

»Herr Berg!«, rief der Geschäftsführer und lief mit ausgebreiteten Armen auf mich zu. »Was machen Sie bloß für Sachen! Ich habe ... wir haben uns ja solche Sorgen um Sie gemacht!«

»Um den Problembären?«

Der Direktor machte den Mund auf, doch ehe ihm eine passende Antwort einfiel, kam ihm Luise zuvor, die hinter ihm auftauchte, weil sie offenbar von meiner neuerlichen Einlieferung in die Krankenabteilung des Seniorenheims erfahren hatte. Ob es Neugier war oder eine schrullige Art von Zuneigung, jedenfalls fiel sie ihm ins Wort (»Problembär! Wie süß! Wer ist denn auf diesen putzigen Spitznamen gekommen?«) und mir um den Hals.

»Frau von Müller«, murmelte der Geschäftsführer, für meinen Geschmack etwas zu leise. »Ich muss doch sehr bitten.« Hätte er mal lauter gebeten. Jedenfalls drang er zu der liebestollen alten Schachtel nicht durch, die nun unvermittelt zurücksprang und mit dramatischem Schrei und weit aufgerissenen Augen auf meine feuerroten Beine starrte. »Wie konnte das denn nur passieren?«

Schnell schloss ich die Augen und mimte eine plötzliche Ohnmacht, denn ich hatte keine Lust, Lieschen Müllers Ersatzbeute zu sein. Und ich wollte auch nicht der Problembär von Direktor Schneider sein. Was ich wollte, war vor allem eins: schnellstens weg von diesem vermaledeiten Ort, der sich langsam zu einer lebensbedrohlichen Kulisse für mein klägliches Dasein entwickelt hatte. Weg von Usedom. Und raus aus dieser grausamen Endlosschleife von Seniorenheimerfahrungen.

Doch natürlich hatte ich die Rechnung ohne den Wirt gemacht. Beziehungsweise: ohne die Wirtin. Nämlich meine Mutter. Aber dazu später.

Immerhin: Die Abfahrt gestaltete sich wie in einem Sonntagabendfilm. Die Sonne senkte sich langsam über die Insel, ein leichter Wind trug von irgendwoher ein paar Musikfetzen herüber ... war das Freddy Quinn? Das Auto sprang schon nach wenigen Versuchen an – und der Geschäftsführer schien so beglückt über meine Abreise, dass er sogar persönlich vor die Tür trat, um sie zu überwachen.

Gut, es hätte nicht sein müssen, dass die Sonne mich in diesem Moment dramatisch blendete und der Wind mir mal wieder was in die Augen blies. Dann hätte ich vermutlich auch die Gruppe rüstiger Heimbewohner früher gesehen, die ihre Rollatoren für den Abendspaziergang über die Auffahrt schob. Immerhin blieb es beim Blechschaden. Die Erleichterung über meinen Abschied war auf beiden Seiten groß genug, um auf ein längeres Nachspiel, womöglich juristischer Art, zu verzichten.

Gegen Mitternacht war ich wieder zu Hause und sank erschöpft, aber lebend in meine eigenen Federn. Was für eine Wohltat!

Die Altersheim-Sightseeing-Tour, die meine Mutter mir organisiert hatte, schlug mir zunehmend aufs Gemüt. Verstehen Sie mich nicht falsch: Natürlich liebe ich meine Mutter. Andererseits hatte ich zunehmend das Bedürfnis, sie aus dem Weg zu räumen, endgültig. In letzter Zeit praktisch ständig.

An dem Punkt angelangt, lag die Lösung auf der Hand. Auch wenn es natürlich eine etwas radikale Lösung war. Aber, wie sagt Mama immer so schön: Wat mutt, dat mutt. Ein Mann muss tun, was ein Mann tun muss! Ich würde schon darüber hinwegkommen. Irgendwie. Irgendwann.

Die Frage war aber erst einmal: Wie stelle ich es an? Spontan hätte sich ja Erdrosseln angeboten. Denn dazu wäre ich nach jedem Altenheimbesuch unmittelbar imstande gewesen. Allerdings war Mama da immer gerade nicht zur Hand, sodass spontanes Erdrosseln oder Erwürgen nicht infrage kam. Aber geplanterweise, etwa beim Besuch der alten Dame, im Anschluss an ein gepflegtes Tässchen Tee, das hätte ich ja wieder nicht hinbekommen.

Moment mal ... Tee ...? Wie wäre es denn mit Gift?

Leider trank Mama keinen Tee. Kaffee auch nur, wenn er mit Whisky verlängert war. Ach, alles zu kompliziert. Am ehesten schien mir noch ein tragischer Verkehrsunfall geeignet. Und das bewog mich, etwas zu tun, was ich sonst unter allen Umständen zu vermeiden suchte: Ich holte sie vom Flughafen ab.

Braun gebrannt stand sie am Arm eines jungen Stewarts am Ausgang und prahlte mit ihrer Gucci-Handtasche. Ich hatte sie hinter ihrer riesigen Chanel-Sonnenbrille zuerst

kaum erkannt. Als ich sie endlich entdeckt hatte, rief ich:
»Mama!« Sie schien mich aber glatt zu übersehen, also blieb
ich heftig in ihre Richtung winkend in der ersten Reihe vor
der Absperrung stehen.

Endlich löste sich meine Mutter vom Arm ihres Begleiters.
Sie hob kurz ihre Sonnenbrille und feuerte einen Blick auf mich
ab, als hätte ich dem Nachbarn auf den Türvorleger gepinkelt
(was ich übrigens nie getan habe, auch wenn sie immer das
Gegenteil behauptet, und wenn, dann ist es mindestens sech-
zig Jahre her). Dann schlug sie einen Haken und steuerte auf
ihren Louboutin-Schuhen in eine ganz andere Richtung.

Verwirrt hastete ich hinter ihr her. Ich hatte sie kaum ein-
geholt, da zischte sie mir zu: »Musst du hier so albern *Mama*
herumschreien?«

»A...aber du bist doch meine Mama«, stotterte ich.

»Das muss ja nicht alle Welt wissen, oder?« Sie hatte ein
Tempo drauf, dass ich vorsichtshalber nach meinen Herz-
tabletten tastete.

»Alles klar, Mama. Ich meine: Adelgunde.«

»Adelgunde? Geht's noch?«

»A... aber du heißt doch ...«

»Ava. So nennen mich alle. Und ich finde, du bist groß
genug, mich endlich auch so zu nennen.« Sie musterte mich
von der Seite, ohne ihr Tempo zu verringern. »Obwohl, ich
glaube, du wirst schon wieder kleiner.«

Gut. Sie macht es mir leicht, dachte ich. Mit ihrer Art verstand sie es, mich auf die Palme zu bringen. Und das fördert
die Mordlust bekanntlich ungemein. Sie würde schon sehen,
was sie davon hatte. »Also gut, Mam ... Ava. Hattest du denn
einen guten Flug?«

»Aber ja! Man hat sich reizend um mich bemüht.« Wenn

sie das sagte, bedeutete es entweder, dass sie mit üppigen Trinkgeldern um sich geschmissen hatte oder häufiger: dass alle Angst vor ihr hatten und deshalb gekuscht hatten. »Das freut mich«, log ich. »Gut siehst du aus!«

»Wo um alles in der Welt steht denn dein Wagen, Junge?«, seufzte sie. »Ich kann in diesen Schuhen nicht bis ans andere Ende der Welt laufen.«

»Na ja, so weit ist es nicht. Aber es ist das andere Ende vom Flughafen.« Sie blieb stehen und schien mit sich zu ringen, ob sie mir die Tasche über den Kopf hauen sollte oder ob sie sich nur verhört hatte. »Und warum rennen wir dann wie die Blöden in diese Richtung?«

»Ich stand ja dort«, sagte ich zaghaft und deutete nach hinten. »Aber du bist so schnell in diese Richtung . . .!«

Mama meint es gut mit mir

Wenn man meine Mutter trifft, dann geht man nicht mal eben ins Café um die Ecke oder setzt sich gar in irgendeiner Wohnung zusammen, wo einen keiner sieht. Meine Mutter trifft man an exquisiten Orten. Oder eigentlich trifft man sie gar nicht: Man hat einen *Termin* mit ihr. Denn auch wenn so gut wie niemand sie kennt, macht sie stets großen Bahnhof.

Daher überraschte es mich nicht, als sie anrief und mich in ihr zweites Wohnzimmer bestellte: »Klausi, morgen um fünfzehn Uhr im Hotel Atlantic.«

»Morgen um fünfzehn Uhr? Da muss ich arbeiten«, wagte ich einzuwenden.

»Papperlapapp. Wer in deinem Alter noch arbeitet, hat etwas falsch gemacht. Ich erwarte, dass du da bist. Es gibt Wichtiges zu besprechen.«

Machen wir uns nichts vor: Wenn eine Dame von weit über neunzig Jahren etwas Wichtiges zu besprechen hat, dann kann es gar nichts geben, was noch wichtiger wäre. Schließlich geht es dann vermutlich um Dinge wie eine tödliche Erkrankung, den Letzten Willen, Beisetzung etc. Also, normalerweise. Bei *meiner* Mutter dagegen kann man nie wissen.

Ich fand mich also brav im Atlantic ein. Erste Lage, feinstes Porzellan, absurde Preise. Mama saß in der Mitte der Lobby, umgeben von reichlich Hotelpersonal, das sich redlich bemühte, ihr buchstäblich jeden Wunsch von den Lippen abzulesen. Nachdem man mich ausgiebig ignoriert hatte, fiel jemandem auf, dass ich offenbar zu der Lady gehörte – womit sich schlagartig alles änderte. Jedenfalls wurde auch ich Nutznießer erstklassiger Behandlung, die zu meinem Leidwesen darin bestand, dass man auch mir ein Kissen für den Rücken brachte. Und koffeinfreien Kaffee. Als auch der letzte Bedienstete endlich außer Hörweite war, beugte ich mich vor und sah meiner Mutter tief in die Augen. »Alles in Ordnung, Mama?«

»Ging mir nie besser, Junge. Nur die Stilettos sind eine Qual.«

Unauffällig versuchte ich unter den Tisch zu schielen, was mein Nacken sofort mit einer kleinen Verspannung quittierte. Stilettos, in der Tat. Bei deren Anblick man instinktiv wusste, warum diese Schuhe ihren Namen einer Stichwaffe verdanken.

»Hast du den Kleinen eben gesehen? Hübscher Junge.«

Offenbar konnte sie nicht zwischen einem Hotelboy und einem Callboy unterscheiden. Oder wollte nicht. »Ich kann ihn ja mal fragen, ob er heute Abend schon was vorhat«, ätzte ich.

»Oh, würdest du das tun? Das wäre ausgesprochen nett von dir«, sagte sie, als hätte sie meinen Unterton nicht gehört. Aber eigentlich ist sie auf dem Ohr gerne taub. Sie kann zwar Stunden über andere lästern, ach, was sage ich: Tage! Aber wenn man sich über sie lustig macht, dann versteht sie die Scherze in der Regel nicht. Was gut ist, denn andernfalls wäre sie wochenlang tödlich beleidigt. »Wenn ich ihn finde«, murmelte ich. »Was gibt es denn, dass du mich sehen wolltest, Mama?«, versuchte ich mich zum Grund des Treffens vorzuarbeiten.

»Ich habe dir etwas mitgebracht«, verkündete sie und holte einen prachtvollen glänzenden Prospekt aus ihrer Handtasche. »Aha. Und was ist das Schönes?«

»Schönes. Du sagst es.« Sie klatschte mir den Prospekt vor die Brust wie einen Fehdehandschuh und setzte ihr sibyllinisches Lächeln auf, das mich immer augenblicklich in Alarmbereitschaft versetzt.

»Ein Kreuzfahrtprospekt? Aber warum? Soll ich dir eine Reise buchen?«

»Du mir doch nicht! Dummerchen. Ah, könnten Sie mir noch ein zusätzliches Kissen für meinen Rücken bringen?« Da war er wieder, der Hotelboy, und sie hatte ihn sich sogleich geangelt.

»Selbstverständlich, Madame«, hauchte der junge Mann und schob ab.

»Madame?«

»Wie soll er mich denn sonst nennen? Monsieur?«

Ich seufzte. »Vor allem wäre ich dir dankbar, wenn du mich nicht in aller Öffentlichkeit Dummerchen nennen würdest.«

»Dann solltest du dich auch nicht wie eines benehmen, Junge. Natürlich ist die Kreuzfahrt nicht für mich, sondern für dich.«

»Wie jetzt – für mich?«

»Ich habe dir eine hübsche Kreuzfahrt mit diesem traumhaften Schiff gebucht. Auf deine Rechnung, denn immerhin geht es ja nicht um meine Gesundheit!«

Einen Moment saß ich sprachlos. Erstens wegen der

Kreuzfahrt, die mir unvermittelt blühte, und zweitens wegen des Hotelboys, der schon wieder herbeigehuscht war und Mutter nun behutsam ein weiteres Kissen in den Rücken schob. Als er weg war, kehrte auch meine Sprache zurück.

»Aha. Und wann soll diese Kreuzfahrt stattfinden?«

Meine Mutter sah auf ihre diamantenbesetzte Armbanduhr und stellte trocken fest: »Du musst dich beeilen. Das Schiff legt in zwei Stunden ab.«

»In zwei Stunden? Wie soll das gehen?« Meine Mutter hatte einen Scherz gemacht. Und ich war drauf reingefallen. Ha! Lustig. Ich beschloss, ihr den Gefallen zu tun und noch ein wenig länger mitzuspielen. »Ich kann ja schlecht ohne Gepäck an Bord, was?«

»Deshalb solltest du hier auch nicht länger herumtrödeln, sondern schleunigst deine Zahnbürste holen und deinen Smoking . . .«

»Smoking?«

»Klar. Dachtest du, du gehst mit kurzen Hosen auf den Dampfer?«

Der Hotelboy, der immer noch neben uns stand, räusperte sich und fragte mit hochrotem Kopf, ob er noch etwas für »Madame« tun könne.

»Ja«, sagte ich. »Sie könnten uns mal in Ruhe sprechen lassen.«

Gut, das war ein bisschen gemein, es war ja alles nicht seine Schuld. Aber meine war es schließlich auch nicht. »Was soll ich denn auf einer Kreuzfahrt?«, fragte ich und fühlte leichte Panik in mir aufsteigen, als mir dämmerte, dass es sich vielleicht doch nicht um einen Scherz handelte.

»Es wäre genau das Richtige für dich, mein Junge«, erklärte Mama und gab dem Kellner ein Zeichen, die Rech-

nung zu bringen. »Statt hier den lieben langen Tag rumzu-
hängen und nichts auf die Kette zu bringen . . .«

»Nichts auf die Kette? Also wirklich, Mama!«

»Lass dir was gesagt sein, Klausi: Wer in deinem Alter
noch arbeitet, hat sein Leben nicht im Griff.« Damit stand sie
auf und stakste auf ihren Stilettos hinüber zu den sanitären
Räumlichkeiten. Tja, da lag er vor mir, der Prospekt. Irgendwie provozierend in seinem Hochglanz. Was sollte denn ausgerechnet ich auf einer Kreuzfahrt? Erstens neige ich dazu,
seekrank zu werden, zweitens kann ich Steuerbord nicht von
Backbord unterscheiden und drittens befiel mich plötzlich
der irre Gedanke, meine Mutter könnte mich womöglich auf
dieser Reise begleiten! Ich musste mit ihr reden, augenblicklich.

Die folgende Viertelstunde verbrachte ich wie auf Koh-
len. Nur am Rande nahm ich wahr, dass ich mich soeben
mit der Rechnung ruiniert hatte. So konnte es nicht weitergehen, auf keinen Fall. Jetzt gleich würde ich der ewigen
Bevormundung ein Ende bereiten. »Klausi« war Geschichte,
und wie! Sie würde schon sehen, wen sie vor sich hatte. Endlich müsste sie *mir* mal zuhören. Ich würde mich vor ihr
aufbauen (immerhin bin ich bedeutend größer als sie) und
Tacheles mit ihr reden, dass ihr die Ohren nur so schlacker-
ten; ich würde . . . Ich fuhr zusammen, als sie plötzlich hinter mir stand und mich anherrschte: »Was stehst du denn
noch hier herum? Sieh lieber zu, dass du dir ein paar Sachen
von zu Hause holst. In den Klamotten gehst du mir nicht
aufs Schiff, hörst du? Wir sehen uns in einer Stunde hier
wieder.«

Sie hatte mich überrumpelt. Ich war sprachlos. »D-Du
meinst das wirklich ernst, was?«

»Hab nie etwas ernster gemeint, Junge. Los, los!«

»Und du?«

»Ich komm schon zurecht.« Und mit diesen Worten wandte sie sich von mir ab.

Du sollst die Alten ehren!

Natürlich gibt es einen Punkt, an dem es auch mir zu bunt wird. Dieser Punkt war eine Stunde später erreicht, genau in dem Moment, als ich meine Mutter zu dem Taxifahrer sagen hörte: »Passen Sie gut auf ihn auf. Er ist manchmal etwas schusselig. Am Ende verpasst er noch das Schiff.« Mit diesen Worten drückte sie ihm fünfzig Euro in die Hand und zwinkerte ihm mit ihrem unnachahmlichen Miss-Marple-Charme zu, der keinen Widerspruch duldet. Der Fahrer ließ das Geld in seiner Brusttasche verschwinden, schneller, als eine Atomuhr bis eins zählen kann, und grinste. Deutlich zu breit, fand ich.

»Ist ja gut, Mama«, sagte ich von der Rückbank aus durchs Fahrerfenster. »Ich komme ganz gut alleine zurecht.« Und zum Fahrer: »Sie hat mir eine Kreuzfahrt gebucht.« Vielleicht verdrehte ich die Augen ein wenig zu sehr. Vielleicht war es auch der Umstand, dass meine Mutter mit Blick auf mich den Kopf schüttelte, wie man es macht, wenn der Kleine mal wieder sein Glas Milch verschüttet hat, und sagte: »Wahrscheinlich ist es das Alter, wissen Sie? Da werden Männer manchmal ein wenig schrullig.«

»Schrullig?«, rief ich. »Ich? Sag mal, geht's noch?« Die letzten Worte allerdings hörte meine Mutter schon nicht mehr, da der Taxifahrer das Fenster gehoben und den Fuß gesenkt hatte. Und wie er ihn gesenkt hatte! Die Strecke von der Binnenalster zu den Landungsbrücken sind wir quasi geflogen. Das hinderte den Fahrer übrigens nicht daran, mir einen nachdrücklichen Vortrag zu halten. »So darf man nicht mit seiner Mutter umgehen«, erklärte er. »Die Frau hat Sie zur Welt gebracht, Mann!« Er warf mir im Rückspiegel einen anklagenden Blick zu. Ich konzentrierte mich auf seinen tätowierten Nacken, in dem ich eine Eule zu erkennen glaubte. Ja, klar, dachte ich. Du hast natürlich die Weisheit gepachtet. Wieso glaubten eigentlich immer alle, sie müssten sich in mein Leben einmischen? Es ging weiter: »Da gibt die Frau ihr letztes Hemd, damit Sie auch mal eine Reise unternehmen können, und was machen Sie? Beschimpfen sie!« Ich musste Luft holen: »Erstens ist meine Mutter stinkreich. Von wegen letztes Hemd! Allein ihre Schuhsammlung hätte den Imelda-Marcos-Gedächtnis-Preis in Platin verdient. Und zweitens: Ich habe sie überhaupt nicht beschimpft!«

»Du hast *Sag mal geht's noch, du alte Schachtel* geschrien!«

»Ich habe überhaupt nicht *Alte Schachtel* geschrien!«, empörte ich mich, während ich die Hände ins Polster der Rückbank krallte. Mir war gar nicht gut.

»Schon klar, Mann«, knurrte mein Pilot. »Jetzt auch noch alles abstreiten. Willst du behaupten, du hättest es nicht gedacht?« Offenbar waren wir unversehens beim Du angelangt. Er jedenfalls. Aber darauf wollte ich mich nicht einlassen. »Zwischen geschrien und gedacht ist aber ein ziemlicher Unterschied.«

»Typisch Feigling. Sagt nicht, was er denkt. Und weißt du was? Das bedeutet, dass du auch nicht denkst, was du sagst.«

»Okay«, sagte ich. »Darüber denke ich nach, falls ich hier lebend wieder rauskomme.« Inzwischen war mir klar, dass von dem Mann Gefahr ausging.

»Familie ist das Höchste überhaupt, Mann«, dozierte der Taxifahrer. »Die hast du nur einmal. Und eine Mutter sowieso. Weißt du, was ich mal gehört hab? *Ein Kind ohne Mutter ist wie eine Blume ohne Regen.* Schön, nich?« Begeistert drehte er sich zu mir um.

»Schauen Sie nach vorne, verdammt!«, schrie ich in Panik. Und das tat er dann auch. Allerdings erst, nachdem wir eine rote Ampel passiert hatten. Dann schloss er: »Darum mach mal halblang und hör auf deine Mama, Mann. Die ist der wichtigste Mensch auf der Welt für dich. Und du machst jetzt, was deine Mama sagt, klar?« Wir waren gerade in Schussfahrt auf die Hafenanlagen zu. Die Nadel auf dem Tachometer war längst nicht mehr erkennbar, die Straße verdichtete sich zu einem einzigen rasenden Etwas, der Fahrer pulte mit der Linken in seinen Zähnen, während die Rechte lässig auf dem Schaltknüppel lag. Und ich wollte nur noch eins: überleben. »Klar«, sagte ich. »Wird gemacht, Mann.«

»Bist ein guter Junge«, lenkte Captain Kirk jr. ein und stieg auf die Bremse.

Und auch wenn ich ihm Pest und Cholera an den Hals wünschte: Recht hatte er ja. Man muss Vater und Mutter ehren. Und auch meine Mutter, so anstrengend und absurd sie war, hatte es verdient, dass ich mit Milde auf sie blickte – und auf ihre Bemühungen um mein Wohlergehen. Denn ist es nicht so, dass man im Alter nur allzu oft unbeachtet bleibt und niemand sich die Mühe macht, auch mal nach den Bedürfnissen der älteren Generation zu fragen? Wen interessiert es denn, ob das Essen genügend Kalorien hat oder der

Rollator genügend PS? Bei dem bisschen Leben, das man ab einem gewissen Alter mutmaßlich noch erwarten darf, sollte es wenigstens Spaß machen. Und zwar möglichst viel. Mal raus aus den eigenen vier Wänden und rein ins Vergnügen, die Welt sehen und was erleben! Das war es, was meine Mutter mir mit ihrem überfallartigen Zwangsurlaub auf dem Kreuzfahrtschiff hatte verschaffen wollen. Hatte sie damit nicht vielmehr meinen Respekt und meine Dankbarkeit verdient? Warme Gedanken an Mama erfüllten mich, als ich wenig später die Gangway hinaufstieg und mich zu der spektakulären Hamburger Skyline umwandte. Da lagen sie, die Elbphilharmonie, die Speicherstadt, die Reeperbahn ... Und vor mir lagen zwei Wochen Traumurlaub an Deck. Dachte ich!

In der Rückschau neige ich doch eher dazu, Mamas Urlaubsbuchung für ein raffiniertes und ziemlich perfides Manöver zu halten. Sie hatte mich aus dem Weg geschafft. Während ich die Weltmeere befuhr (na gut, es war nur die Nordsee), nahm sie Kontakt zu weiteren Senioreneinrichtungen auf, um mich dort zur Probe anzumelden. Und sie bereitete den Geburtstag vor. *Ihren* Geburtstag.

Auf hoher See

Unser Schiff legte im Hamburger Hafen ab. Geschätzte hunderttausend Jahre Lebenserfahrung machten sich auf den Weg Richtung Norden, um Fjorde und Wale zu bewundern, tonnenweise Krabbencocktails und Fleischsalat zu vertilgen und in jeder Hinsicht die Sau rauszulassen. Das Gute an Kreuzfahrtschiffen, diesen Monstern der Meere, ist ja, dass man den Seegang kaum spürt. Sollte tatsächlich auf dem Weg nach Spitzbergen mal ein Eisberg im Wege stehen, dürften bis dahin dank der ständigen Fütterungen zumindest einige Passagiere unsinkbar geworden sein.

Im Ernst: Die Mahlzeiten an Bord werden praktisch nur durch Imbisse oder kleine Jausen unterbrochen. Wenn man mal nicht isst, dann trifft man sich auf Drinks und Snacks.

Wir waren sieben Tage unterwegs nach Norden. Und schon am ersten Abend kam es zur Begegnung der dritten Art. Aber der Reihe nach:

Mama hatte mir eine Innenkabine gebucht. An der Stelle muss erwähnt werden, dass meine Mutter durch einige glückliche Fügungen wie etwa das frühzeitige Ableben ihrer Ehemänner Nummer zwei und vier (Nummer drei hatte sie bereits vor seinem Hinsterben ruiniert) über die Jahre sehr wohlhabend geworden ist. Wäre es ihre Reise gewesen, hätte es gar keinen Grund gegeben, an dieser Stelle zu geizen. Dass sie es bei mir tat, hängt vermutlich mit dem Grundsatz zusammen, den ich mir schon seit frühester Kindheit anhören muss: »Man darf Kinder nicht verziehen, denn Luxus verdirbt den Charakter!« Anders als meine Mutter bin ich allerdings der Ansicht, dass meine Erziehung eigentlich abgeschlossen ist. Was bis jetzt nicht geklappt hat, muss als hoffnungslos angesehen werden.

Man sagt, um die Seekrankheit in den Griff zu bekommen, sollte man unbedingt das Meer im Auge behalten – und den Horizont! Beides war von meiner Kabine aus nicht zu sehen.

Ich trat vor die Kabinentür und blickte den Gang rauf (nebenan: eine sympathische Frau in Stützstrümpfen, die gerade ihre Schuhe zum Putzen rausstellte und mich fatal an Tante Erna erinnerte) und runter (nebenan: ein schwules Pärchen, das es nicht ganz bis nach drinnen geschafft hatte, ehe die beiden begannen, sich gegenseitig zu vernaschen). Okay, für Unterhaltung würde gesorgt sein. »Klaus?«, sagten die Stützstrümpfe zu meiner Linken. »Bist du das?«

Sie kennen Tante Erna nicht. Und ich kann nur hoffen, dass Sie sie nie kennenlernen. Das würden Sie nicht wollen. Genau genommen wünschte ich, auch ich hätte sie nie kennengelernt. Tante Erna ist supernett, superbemüht und die Nervensäge des Jahrhunderts. Gegen sie ist meine Mutter eine Heilige. Außerdem habe ich das Pech, dass sie irgendwann mal beschlossen hat, einen Narren an mir zu fressen. Vor gut siebzig Jahren nämlich.

»Tante Erna?!«, stotterte ich und hielt mich diskret am Türrahmen fest.

»Ach, Klausi, sag nur, du fährst auch auf der Kreuzfahrt mit!«

»Nie im Leben, Tante Erna«, entgegnete ich geistesgegenwärtig. »Ich mache hier nur eine Inspektion.«

»Ach.« Einen so kurzen Satz hatte ich noch nie von ihr gehört. »Was infizierst du denn so? Und wieso überhaupt?«

Ein Geistesblitz! Ein Königreich für einen Geistesblitz! »Ähm«, sagte ich. »Das erzähle ich dir gerne später. Oder morgen. Ich muss ... jetzt ... ähm, schnell zum Käpt'n.« Im nächsten Augenblick stürmte ich an dem schwulen Pärchen vorbei den Gang hinab – und hinauf zum Oberdeck, wo ich den Weg zur Brücke vermutete.

Der Kapitän hielt sich bereits im Speisesaal auf und deutete gerade zur Tür, als ich zufällig hereinkam. Allgemeines Klatschen. Ich fühlte mich an meinen Auftritt als Clown in der Happy End Residenz erinnert. Anders als dort folgte allerdings allgemeine Enttäuschung. Ein massiger Seemann trat an meine Seite und raunzte mich an: »Machen Sie mal Platz hier, Mann. Wir erwarten den Präsidenten.«

Der Bundespräsident! Auf meinem Kreuzfahrtschiff! Was soll ich sagen, ich war schwer beeindruckt und auch geneigt, innerlich meiner Mutter Abbitte zu leisten. Wenn der Präsident mitfuhr, dann war das jedenfalls keine Kaffeefahrt für Fortgeschrittene, sondern eine seriöse Veranstaltung. Wer weiß, vielleicht würde ich ihm ja sogar über den Weg laufen, könnte ihm vielleicht die Hand drücken und ihn ein wenig über die Lage der Nation und die Weltpolitik im Allgemeinen ausfragen. Und natürlich würde ich ein Selfie machen und es all meinen Freunden schicken.

Im nächsten Augenblick ging die Tür erneut auf, und der Präsident trat unter großem Beifall ein. Allerdings war es dann doch nicht der Bundespräsident, sondern, tja, was weiß ich: der Präsident der Hanseatischen Kleintierzüchter? Oder des beliebten Vereins Naturdarm e. V.? Der Alterspräsident des Wuppertaler Kreistags? Ich hätte geschworen, dass kein Mensch den Typen kannte. Auf die anderen Anwesenden hatte er aber unbestreitbar messianische Wirkung. Und hinter ihm – kam Tante Erna. Sie erblickte mich und winkte mir wichtig zu. »Lass dich nicht stören, Junge!«, rief sie, laut genug, dass einige umstehende Damen zu kichern anfingen. »Ich warte auf dich!«

»Kein Problem, Tante Erna«, erwiderte ich und hakte sie unter. »Bin schon fertig.«

»Wirklich? Wenn du noch etwas inszenieren musst . . .«

»Nein. Alles bereits *inspiziert*. Alles in Ordnung. Komm, ich lade dich auf einen Willkommensdrink ein.«

»Ach, das ist aber nett!« Kannte ich sie doch, die alte Schnapsdrossel. Alkohol wirkte bei ihr immer.

Ich schleppte sie also in die nebenan gelegene Bar und spendierte ihr (wohlgemerkt auf ihre Zimmernummer) einen doppelten Caipirinha. Und noch einen. Während ich mittels einer Cola versuchte, meinen Kreislauf zu stabilisieren und ein paar klare Gedanken zu fassen.

Ich saß hier fest. Meine Tante in der Kabine neben mir. Umgeben von Meer und Alter. Während sie mir von ihren neuen Zähnen erzählte, sah ich mich diskret nach geeigneten Fluchtwegen um.

Mein Handy erlöste mich aus meinen Gedanken. »Mama!«, flötete ich, ganz wohlerzogener Sohn. »Ja, ich bin gut an Bord angekommen. – Ja. – Sehr nett von dir, ja. – Und stell dir mal vor, wen ich hier getroffen habe: Tante Erna!«

»*Um Himmels willen! Gib sie mir ja nicht ans Telefon!*«

»Ans Telefon? Aber gerne, Mamachen!«

»*Untersteh dich, Klaus! Ich enterbe . . .*«

»Tante Erna, hier gebe ich dir Mama. Sie freut sich ja so,

dass sie mit dir ein bisschen plaudern kann. Und ich muss dann mal weiter, ja?«

Manchmal ist der Weg zur Rache ein überraschend kurzer. In diesem Fall bereitete es mir tiefste Genugtuung, dass meine Mutter nun mit ihrer nervtötenden Schwester plaudern musste, während ich mich aus dem Staub machte und beschloss, ein wenig das Deck zu erkunden.

Inzwischen hatten wir tatsächlich abgelegt. Hamburg, die Schöne, entwich in den Hintergrund, das Nebelhorn tutete und verschaffte mir einen kurzzeitigen Tinnitus, weil ich direkt danebenstand. Und so glitten wir langsam die Elbe hinab und in den Abend hinein. Was mochte mich wohl auf dieser unverhofften Reise erwarten?

Aus unerfindlichen Gründen habe ich die Eigenart, auf viele Menschen zu wirken, als würden sie mich kennen. Die meisten wissen natürlich nicht, woher. Andere dagegen glauben, sich genau zu erinnern: »Hallo, Sie sind ja auch hier! War super auf der letzten FKK-Kreuzfahrt, was?« (Niemals war ich auf so einer Reise!)

»Moin! Dass man Sie mal wiedersieht. Ist das Insolvenzverfahren endlich abgefeiert? Dass Sie sich so 'ne Dampferfahrt wieder leisten können – erstaunlich!« (Ich schwöre, ich habe noch nie eine Insolvenz erlebt!) – »Iiih, schau mal, Mama! Der eklige Mann vom Spielplatz!« (In solchen Momenten suche ich lieber das Weite.)

Hingegen kann ja ein tatsächliches Wiedererkennen durchaus erfreulich sein. Zum Beispiel, wenn man sich unvermittelt neben einer Frau wiederfindet, mit der man vor vielen Jahren mal liiert war. Kann nett sein, keine Frage. Kann aber auch furchtbar unangenehm sein. Zum Beispiel, wenn man die Frau auf dem Dampfer nicht auf Anhieb wiedererkennt.

»Klaus?«

»Äh, ja?«

»Iris.«

»Ähm.«

»Iris Ölker! Sag bloß, du kennst mich nicht mehr!«

Als ihr klar wurde, dass ich sie tatsächlich nicht erkannt hatte, schossen ihr Tränen in die Augen. »Iris!«, rief ich deshalb, übertrieben erfreut. »Mann, das ist aber eine Überraschung! Du siehst ja noch genauso aus wie damals in Erding.«

»Eching.«

»Eching. An Silvester.«

»Ostern.«

»Äh, Ostern . . . natürlich. Wie geht's den Kindern?«

»Ich kann keine bekommen.«

»Oh. Ja. Und deinem Mann?«

»Ist letztes Jahr gestorben.«

»Mein Beileid.«

»Er hatte eine andere.«

»Tatsächlich? Kann ich aber irgendwie . . .«

»Was?«

»Ich meine: Das kann ich aber irgendwie überhaupt nicht verstehen. Aber du siehst wirklich klasse aus. Echt. Zehn Jahre jünger!«

»Jünger als wann?«, fragte Iris. Ich schwieg. Und grinste nur blöde. Auch noch nach ihrer Ohrfeige. Was sie sagte, überhörte ich lieber. Stattdessen studierte ich den Flug der Möwen, während sie heulend davonstöckelte.

Man sagt, ein Kreuzfahrtschiff sei eine Stadt, die übers Meer zieht. Das kann ich bestätigen. So viele Menschen, die ich kenne, laufen mir an keinem Tag in Hamburg oder irgendeinem anderen Ort an Land über den Weg. Es schien geradezu, als hätte meine Mutter mich groß annonciert, und nun hätten sich alle Nervensägen, die jemals meinen Lebensweg gekreuzt hatten, verschworen, auch noch die See zu kreuzen. Besser, ich verzog mich wieder nach unten. In der Kabine würde ich mir Gedanken machen – und ich würde mir mal die Fanpost durchsehen, sprich: die Antworten auf Mamas Partnerschaftsanzeige.

Der alte Mann und das Meer

Eine Kabine auf einem Kreuzfahrtschiff kann eine sehr vergnügliche Angelegenheit sein. Vor allem, wenn man zu zweit ist. Wie gerne wäre ich das in diesem Augenblick gewesen.

Ich hatte meine Tasche geleert, meine paar Sachen, die ich in aller Eile eingepackt hatte, verstaut, die Minibar inspiziert, Musik angemacht und mich auf das kleine Sofa gesetzt, das gegenüber dem Bett stand. Vor mir lagen die Zuschriften der an einem Date und womöglich an einer Partnerschaft interessierten Frauen. Eigentlich hatten die Damen ja meiner Mutter geschrieben, weil die die Anzeige geschaltet hatte. Ich kam mir vor wie ein Betrüger, als ich sie durchblätterte und mir die Bilder ansah. Bilder von Frauen, die – zumindest angeblich – alle noch nicht ganz in meinem Alter waren und mir trotzdem ziemlich alt vorkamen. Um nicht zu sagen: uralt. O Gott, war das die Liga, in der ich angekommen war? Betrachtete man mich inzwischen auch als netten Opi? War das freundliche Türaufhalten oder das Vorlassen an der Supermarktschlange in Wirklichkeit nichts weiter als gut verpacktes Mitleid?

Menschen sind unterschiedlich. Für den einen ist großartig, was für den anderen eine Katastrophe ist. Das Leben hatte es so gewollt, dass ich ohne feste Bindung dastand.

Mein Kumpel Mark hätte jetzt gejubelt: »Mensch, Klaus, wie geil ist das denn! Endlich ungestraft die Sau rauslassen!« Und er hätte auch nicht lange gezögert. Ich kenne einige ältere Herren, die abends die Reeperbahn unsicher machen und Frauen aufgabeln, die locker ihre Enkelinnen sein könnten. Selbst gehöre ich allerdings nicht dazu. So ist das, wenn man als großer Romantiker geboren wird. Da gehören Liebe und Leidenschaft zusammen. Und im Alter verstärkt sich das eher noch. Leider!

Aber eigentlich geht es ja bei der Zweisamkeit nicht unbedingt um die Leidenschaft. Auch, aber es geht doch hauptsächlich darum, dass man jemanden hat, mit dem man das Leben teilt. Mit dem man sich austauschen kann. Der einen davon ablenkt, immer nur um sich selbst zu kreisen. Junge Menschen tun das. Alte tun es auch. Wo die Jungen nur an sich denken, weil das Leben so aufregend ist und es kein Morgen gibt, denken die Alten oft nur an sich, weil die Leiste zwickt, der Ischias nervt, die Prostata klemmt – und es kein Morgen gibt. Da ist eine Partnerin oder ein Partner das Beste, was einem passieren kann. Statt sich über sich selbst zu ärgern, kann man sich über den anderen ärgern. Statt sich wegen seniler Bettflucht die Nacht um die Ohren zu schlagen, hält einen das Geschnarche der Ehefrau wach. Statt sich mit den eigenen Problemen herumzuquälen, quält man sich mit denen des Partners herum. Kurz, so ein Lebensgefährte ist das beste Beschäftigungsprogramm, um sich vom Älterwerden abzulenken. Außerdem kann man auch ein paar schöne Sachen zusammen machen. Und man kann geben und auch lernen anzunehmen.

Entsprechend betrachtete ich Ivretta, Yovana, Mai-Lan, Elke und all die anderen an einer näheren Bekanntschaft Interessierten mit zunehmendem Wohlwollen und überlegte, wie ein Leben mit ihnen wohl aussehen würde.

Leider kam mir dabei immer wieder der Gedanke an das Altersheim in die Quere. Was um alles in der Welt hatte sich meine Mutter nur dabei gedacht, mich gleichzeitig Seniorenresidenzen besichtigen zu lassen und Partnerschaftsanzeigen für mich in die Zeitung zu setzen! Ich meine, das passt doch nicht! Welche halbwegs intelligente Frau würde sich für mich entscheiden, um dann ohne Umwege gemeinsam in einen Wartesaal ins Jenseits zu ziehen?

Na ja. Welche halbwegs intelligente Frau würde sich überhaupt für mich entscheiden? Vielleicht wäre ein Eierlikör doch eine ganz gute Idee. Oder ein Kräuterschnaps. Ich entschied mich für beides.

Was ich sicher sagen kann ist, dass Seegang, ein völlig leerer Magen und zwei kleine Schnapsfläschchen eine Kombination ergeben, die mit nichts zu vergleichen ist. Höchstens mit einer Dampframme, wenn man zufällig mit dem Kopf daruntergerät. An die nächsten Stunden jedenfalls habe ich keine Erinnerung mehr. Ich weiß zum Beispiel nicht, wie ich eigentlich in meinen Anzug gekommen bin und in den Speisesaal. Auch weshalb ich zum Smoking bunte Socken trug oder wer mir die Serviette in den Hosenbund geschoben hat, ist mir vollkommen entfallen. Meine Erinnerung setzt erst wieder ein, als alle sich erhoben (außer mir, ich klammerte mich am Stuhl fest), weil der Kapitän an den Tisch trat. »Moin, moin, die Herrschaften. Nehmen Sie doch Platz.« Und mit Blick zu mir: »Oder behalten Sie ihn.«

Die Gesellschaft setzte sich unter allgemeinem Gemurmel, und ich nickte dem Kapitän zu in der Hoffnung, er möge mich nur für vergreist halten, aber nicht für versoffen.

Ein Blick in die Runde ergab, dass ich das Vergnügen hatte, in sehr gesetzter Gesellschaft zu speisen. Die Herren trugen tatsächlich allesamt Smoking oder dunklen Anzug, die Damen Pailletten und Rüschen. Haare waren entweder überhaupt nicht vorhanden oder sie bildeten erstaunliche Kunstwerke auf den Köpfen (der Frauen) bzw. in Nasen und Ohren (der Männer). Der Altersdurchschnitt beim Kapitänsdinner dürfte bei etwa achtzig Jahren gelegen haben. Plötzlich richtete der Kapitän das Wort ausgerechnet an mich: »Und Sie sind, wenn ich es richtig gelesen habe, Herr Berg. Mögen Sie mir nicht Ihre Tischdame vorstellen?«

Es ist nicht auszuschließen, dass mein Blick in dem Moment etwas ratlos war. Jedenfalls entstand dieses unangenehme Schweigen, das immer dann auftritt, wenn jemand sich in Gesellschaft unabsichtlich zum kompletten Vollidioten gemacht hat. »Ähm«, brachte ich hervor. In einem fernen Winkel meines Gehirns (also dessen, was davon nach der Schnapsattacke noch übrig war) flackerte der Gedanke auf, dass ich dieses Wort in letzter Zeit vielleicht etwas zu häufig benutzte. »Das ist . . .« Ich blickte nach links, spürte in meiner rechten Rippengegend einen schmerzhaften Stoß und wandte mich deshalb nach rechts. »Das ist . . . Madame . . .« Zumindest das wusste ich noch, dass man Frauen einen Gefallen tat, wenn man sie auf Französisch vorstellte. Schien allerdings nicht viel zu helfen, denn die Dame, die man mir zur Seite gesetzt hatte, schnappte nach Luft. »Wir hatten leider noch gar nicht das Vergnügen«, fiel mir schließlich ein. Ich verbeugte mich leicht in ihre Richtung, und sie brachte ihr Dekolleté in Sicherheit.

Während der Kapitän die Route mit all ihren Sehenswürdigkeiten referierte, schweiften meine Gedanken ab. Ich hatte mal gelesen, dass die moderne Medizin für die Friedhöfe ein Problem darstellt: Die diversen Ersatzteile, mit denen Menschen heutzutage ausgestattet sind, verrotten einfach nicht schnell genug. Oder gar nicht. Künstliche Herzklappen, Titanhüften, Zahnimplantate und was es sonst noch alles an Prothesen gibt führen dazu, dass in heutigen Gräbern viel zu viel Zeug herumliegt, selbst wenn schon lange kein Mensch mehr dort zu finden ist. Wenn dieses Schiff nun sänke, würde Norwegen wohl an der Stelle eine Sondermülldeponie einrichten müssen.

»Finden Sie nicht auch, Herr, äh, Berg?«, versuchte mich der Kapitän ins Gespräch einzubinden.

»Absolut, Käpt'n!«, erwiderte ich im Brustton der Überzeugung. »Aye-aye.«

»Und Sie hätten auch nichts dagegen, das zu übernehmen?«

»Ach«, sagte ich und überlegte fieberhaft, was er meinen könnte. »Das wird schon klappen.« Ich hustete. »Irgendwie.«

»Wunderbar!« Der Kapitän erhob sich und klopfte mit einem kleinen Löffelchen an sein Glas. Sogleich wurde es still im Speisesaal, und alle Augen wandten sich unserem Tisch zu. »Meine lieben Mitreisenden, sehr verehrte Damen, sehr geehrte Herren«, hob er an und blickte selbstzufrieden in die Runde. »Willkommen an Bord!«

Als hätte er die Relativitätstheorie verkündet, brandete Beifall auf. Er nickte in alle Richtungen wie einer von diesen Wackeldackeln, die man früher immer auf den Hutablagen der Audis gesehen hat. »Am ersten Abend einer Kreuzfahrt auf der MS Queen of the Sea, so will es die Tradition, übergibt der Kapitän das Wort an einen der Passagiere. An meinem Tisch sitzt heute ein Mann, dem die Seefahrt sehr zu liegen scheint . . .«

Mir schwante Grausames, und ich griff eilig nach dem Weinglas meiner Tischdame. Der Kapitän drehte sich zu mir und streckte die Hand aus. »Bitte, übernehmen Sie die heutige Begrüßungsansprache.« Erneut Beifall (im Publikum) bzw. Schweißausbruch (bei mir). Ich stand also auch auf und grinste etwas debil in die Runde, nickte dann und erklärte: »Also, korrekterweise muss ich sagen, dass ich mich mit Kreuzfahrten nicht auskenne . . . aber es ist mir natürlich eine Ehre.«

Okay, das lief doch schon ganz gut an. »Auch von mir ein herzliches Ahoi!« Rasch griff ich noch einmal zum Weinglas meiner Tischdame. »So eine Kreuzfahrt ist wie ein Seniorentreffen«, erklärte ich. Schweigen (im Publikum) bzw. Panik (bei mir). »Man ist mit vielen netten, jung gebliebenen Leuten unterwegs.« Lacher. Gott sei Dank. »An der Stelle grüße ich meine Tante Erna, die auch mitfährt. Tja, was wird uns erwarten. Abenteuer? Freiheit? Spaß? Sicher, liebe Mitreisende. Das alles erhoffen wir uns, und wir werden es hoffentlich alle miteinander erleben. Die MS Queen of the Sea ist ein wundervolles Schiff, das uns sicher von Fjord zu Fjord bringen wird. Man verwöhnt uns hier, das haben wir ja heute Abend schon gemerkt.« Okay, jetzt lief es. »Es fehlt an nichts. Das Essen ist ausgezeichnet, die Weine sind großartig. Also, jedenfalls wünsche ich Ihnen allen eine gute Fahrt und allzeit eine Handbreit Wasser unterm Kinn.«

»Kiel«, raunte der Kapitän über den Tisch. Was ich versehentlich für eine Drohung hielt, weshalb ich mich entschloss, fluchtartig den Speisesaal zu verlassen.

Ein Spaziergang auf einem Kreuzfahrtschiff kann eine wundervolle Erfahrung sein. Während die anderen Reisenden sich weiterhin an Küche und Weinlager gütlich taten, betrachtete ich die Sterne und dachte über die eigene Vergänglichkeit nach. Wie unbedeutend man doch war im Angesicht des Universums! Was waren schon ein paar Hämorrhoiden gegen die Ringe des Saturn? Was ein sich lichtendes Haupthaar gegen den Urknall? Warum sorgten wir uns stets ums Morgen, wo es doch nach astronomischen Maßstäben um Jahrmilliarden ging? Es gibt ja sogar (angeblich) ernsthafte Forscher, die behaupten, dass es neben unserem Universum noch unzählige weitere gebe. Paralleluniversen. Und in jedem davon leben vielleicht viele Klaus Bergs und stehen auf Deck eines Kreuzdampfers und denken über die Unendlichkeit nach! Ob die wohl auch alle gerade die peinlichste Rede ihres Lebens gehalten hatten?

Eine schwere Hand legte sich auf meine Schulter. Ich zuckte unwillkürlich zusammen. Nicht, dass ich unbedingt mit einer Festnahme gerechnet hätte. Stattdessen blickte ich in das würdige Antlitz des Kapitäns, der neben mich getreten war und nun ebenfalls hinaus aufs dunkle Meer schaute. »Machen Sie sich nichts draus«, sagte er, und alle Gelassenheit dieser Welt schwang in seiner Stimme mit. »Das passiert immer wieder.«

»Nämlich was?«, wagte ich zu fragen, obwohl ich die Antwort natürlich kannte.

»Dass ein Passagier, der die erste Tischrede halten darf, die Nerven verliert. So ist das eben. Ich weiß schon, warum ich diese Rede traditionell abtrete.«

»Ach ja?«

»Eben genau deswegen.«

»Damit einer die Nerven verliert und Unsinn faselt?«

»Nein. Damit einer dem Ganzen den professionellen Anstrich nimmt. Was Sie gemacht haben, war wunderbar. Sie haben die Menschen dort abgeholt, wo sie stehen.«

»Nämlich wo?«

Der Kapitän lachte und ließ seine Hand von meiner Schulter gleiten. »Am ersten Abend sind alle ein bisschen aufgeregt. Alle sind unsicher. Für viele ist es die erste Kreuzfahrt. Wenn dann da vorne einer steht, der nervös ist, der verlegen und ein wenig überfordert ist, dann fühlt sich alles gleich viel leichter an.«

»Aha«, sagte ich. »Danke.«

»Verstehen Sie mich nicht falsch, Herr Berg. Mir ist schon klar, dass es Ihnen peinlich ist. Aber das muss es nicht. Sehen Sie es doch mal so: Sie haben allen Ihren Mitreisenden geholfen, die Hürde des ersten Abends zu überwinden. Sicher kann man das auch dem Alkohol überlassen. Aber es ist doch besser, wenn es ein wenig menschelt, finden Sie nicht?«

Vielleicht hatte er ja recht. Vielleicht war es gar nicht so schlimm. Vielleicht hätte jeder andere es genauso verbockt wie ich. »Und Sie sagen, es ist immer so?«

»Ist es«, bestätigte der Kapitän. »Weil die Menschen sich letztlich doch alle sehr ähnlich sind. Sie kommen an Bord, weil sie den Alltag vergessen wollen. Sie wollen mal für ein paar Tage nicht an die Stromrechnung, an die Stützstrümpfe, an die Diät, an die undankbaren Enkelkinder denken, sondern es sich einfach gut gehen lassen. Sie wollen Abenteuer erleben.« Er zwinkerte mir zu. »In jeder Hinsicht.«

Ich vermied es, zurückzuzwinkern. Wenn ich an Tante Erna dachte, an meine Tischdame oder an das Pärchen in der Kabine nebenan, dann konnte ich nur hoffen, dass nicht allzu viel von dieser Art Abenteuer meinen Weg auf der Reise kreuzen würde.

»Auch Sie wollen das ja, Herr Berg.«

Ich schüttelte den Kopf. »Sie täuschen sich, Käpt'n«, erklärte ich. »Diese Kreuzfahrt hat mir meine Mutter gebucht. Ich wäre nicht im Traum darauf gekommen, meinen Fuß auf ein solches Rentnerschiff zu setzen.«

»Sind Sie nicht selbst in dem Alter?«

»Das schon. Aber umso mehr möchte ich eigentlich lieber junge Menschen um mich haben.«

»Kinder, die den ganzen Tag schreien? Teenager, die die Schule schwänzen und sich gegenseitig Drogen verticken? Oder doch lieber Twens, die immer irgendwie mitleidig gucken, wenn sie Sie ansehen?«

»Sie sind ziemlich gnadenlos«, wagte ich zu bemerken.

»Überhaupt nicht«, lachte der Kapitän. »Ich bin nur ehrlich. Und Ihre Mitreisenden, zumindest viele von Ihnen, sind es auch. Sie machen sich keine Illusionen, sie wollen nur träumen. Sie wollen sich noch einmal den Wind um die Nase wehen lassen, ehe sie jemand ins Altersheim steckt. Oder noch einmal aus dem Alltag ausbrechen, ehe sie ganz darin untergehen. Noch einmal vielleicht die Sau rauslassen, ehe aus dem Herbst des Lebens der Winter wird.« Er drehte sich zu mir und blickte mir tief in die Augen. »Und das sollten Sie auch, Herr Berg. Genießen Sie diese Kreuzfahrt. Und wenn ich Ihnen einen Rat geben darf: Genießen Sie Ihr Leben! Jeden Tag, der Ihnen noch bleibt. Keiner weiß, wie viele er noch hat. Wenn dieser hier Ihr letzter wäre, würden Sie ihn nicht gern damit verbracht haben, mit Ihren Mitreisenden zu hadern. Überlegen Sie lieber, *was* Sie gern getan hätten, wenn Sie in ein paar Stunden nicht mehr am Leben wären.« Er winkte mir mit lässiger Geste zu und schlenderte wieder Richtung Haupttreppe, vermutlich, um zu seinem Dinner zurückzukehren. Tja, dachte ich, was hätte ich gerne getan, wenn dies meine letzten Stunden wären?

Das ist eine Frage, die man sich öfter stellen sollte. Die auch ich mir öfter stellen sollte. Zurück in der Kabine jedenfalls drückte ich sehr bald zum zweiten Mal auf die TV-Taste der Fernbedienung. Beim ersten Mal hatte ich den Fernseher eingeschaltet, beim zweiten Mal schaltete ich ihn wieder aus. Denn ständig ging mir durch den Kopf: Wenn das hier deine letzten Stunden sind, Klaus Berg, dann willst du sie nicht vor der Glotze verbringen.

Meine Kabinennachbarn fanden das übrigens offenbar auch. Jedenfalls vergeudeten sie keine Minute mit Passivität. Mann, da ging vielleicht die Post ab bei den Jungs! Mir war nicht klar gewesen, dass Schiffswände derart dünn sein können. Offenbar spielten die Herren Verstecken miteinander, und jedes Mal, wenn einer gefunden wurde, feierten sie das sehr intensiv. Körperlich. Mussten die mir mein eigenes kümmerliches Sexleben dermaßen aufdringlich vor Augen führen? Oder besser gesagt, vor Ohren? Ich musste etwas unternehmen!

Wenige Minuten später fand ich mich in der Bord-Disco wieder. Und, ja, Donna Summer ging mir sofort in die Beine, der Bacardi-Cola schoss mir unmittelbar ins Blut, und die Panik, dass mich an der nächsten Ecke der Sensenmann holen könnte, trieb mich wie der Teufel durch die Nacht.

Als ich aufwachte, lag meine Tischdame neben mir. Und meine Kabine hatte plötzlich ein Bullauge, hinter dem spektakulär die Sonne aus dem Meer stieg. Mein Schädel dröhnte. Mein Verstand nahm mehrere Anläufe, ohne aber auch nur ansatzweise wieder einzusetzen. Ich setzte mich auf, starrte die Frau neben mir an, der – das muss ich zugeben – ein Löckchen sehr liebenswert in die Stirn fiel. Bis sie mit einem heftigen Schnarcher aufwachte, die Augen öffnete und dann kreischend auffuhr. Sie raffte die Bettdecke um ihren beträchtlichen Busen und griff hinter sich. Zum Glück nicht, um eine Pistole zu krallen (wie ich zuerst dachte), sondern um nach ihrer Brille zu angeln. »Was machen Sie denn in meinem Bett?«, fauchte sie mich an.

»Also ehrlich gesagt . . .«, versuchte ich eine Erklärung, kam aber schnell darauf, dass ich keine hatte. »Hören Sie«, sagte ich schließlich. »Das ist mir äußerst peinlich. Aber es sieht so aus, als ob . . .«

»Wie es aussieht, das sehe ich selbst.« Sie musterte mich von oben bis unten. Das war der Moment, in dem mir auffiel, dass sie die ganze Bettdecke für sich allein hatte. Hektisch krabbelte ich rückwärts vom Bett. »Ich . . . ich geh dann mal.«

»Hm. Tun Sie das.« Während ich meine Kleider zusammensammelte, ließ sie mich undankbarerweise keinen Moment aus den Augen. »Berg«, sagte sie. »Richtig?«

»Richtig. Tut mir sehr leid.«

»War es so schlimm?«

»Nein. Ich meine: wegen gestern Abend. Die Rede. Beim Essen.«

»Das stimmt«, sagte sie. »Sie sollten sich schämen. Heute Abend wieder?«

»Eine Rede?«

»Gott bewahre! Nein, Essen ... und so.«

»Oh. Ja. Ähm, ich meine: vielleicht?«

»Sie gehen jetzt besser.«

Im Gehen in die Hose steigend, stolperte ich zur Tür, die Unterwäsche noch in der Hand, und machte mich auf den Weg zu meiner eigenen Kabine. Wie ich dachte.

Der Teufel ist ein Eichhörnchen

An der Stelle muss ich betonen, dass ich eigentlich nicht die geringsten Probleme mit der Orientierung habe. Nie gehabt! Sie können mich am Nordpol aussetzen – ich finde den Weg nach Süden. Aus dem Nirgendwo nach Hause? Keine Sache. Wo immer ich bin, ich finde mich zurecht.

Außer, ich bin auf einem verdammten Kreuzfahrtschiff!

Es fängt damit an, dass es ungefähr hunderttausend bescheuerte Decks gibt, die auch noch in Zonen unterteilt sind. Und dann die ganzen Treppen und Aufzüge. Bordbistro. Bordbar. Bordcasino. Bordtheater, Bordkino usw. Wenn man zufällig ein paar Promille zu viel im Blut hat, dann kann das alles ziemlich verwirrend werden. Zumal, wenn man mit der falschen Frau in der falschen Kabine im falschen Bett gelandet ist und nun zurück ins richtige Leben finden will.

Ist nicht einfach. Ein Orientierungspunkt hätte der Kabinenschlüssel sein können. Doch das kleine Lederetui, in dem sich die Schlüsselkarte befand, hatte ich leider in meiner Kabine gelassen. Und wo die Rezeption war, das wusste ich schon gar nicht mehr. Außerdem war es mir peinlich, nach meiner eigenen Zimmernummer fragen zu müssen.

Ein Stewart kreuzte meinen Weg. »Ach, Sie!«, rief ich erleichtert. »Stewart! Sie können mir bestimmt behilflich sein!« Ich lächelte ihn erleichtert an. »Meine Kabine ... Ich, ähm, finde sie nicht. Wollen Sie mich vielleicht begleiten?«

»In Ihre Kabine?«

»Nur, weil ich alleine irgendwie ... ich weiß nicht ...«

»Und welche Kabine wäre das?«

»Oh, ne ganz hübsche. So eine im Innenteil. Sie verstehen schon, tief drin im Schiff ...« Ich grinste vermutlich ein bisschen bescheuert. Aber das machte der Alkohol. »Sie wissen schon ...«, erklärte ich und versuchte ein kumpelhaftes Zwinkern.

Verstand er. Aber wohl falsch. Ziemlich falsch. Zwinker, zwinker. Tief drinnen. Behilflich sein. Jedenfalls räusperte er sich, machte sich stramm und bellte: »Wenn Sie mich jetzt bitte entschuldigen. Ich muss auf die Brücke.« Und weg war er.

Ich gebe zu, es war mir unendlich peinlich. Woran der gute Mann gedacht haben mag, möchte ich mir heute noch lieber nicht genau ausmalen. Jedenfalls musste ich dann doch zur Rezeption. Und fand auch zurück. Zumindest fast. Es war dann aus Versehen Tante Ernas Kabinentür, die ich mit meiner Karte verzweifelt zu öffnen versuchte – bis sie von innen aufmachte und mich sofort erfreut zu sich hineinzog. »Das finde ich aber nett, Klausi, dass du mich besuchen kommst. Mir war gerade so langweilig. Aber jetzt erzähl doch mal.«

Sagen wir so: Es war einfach nicht mein Tag.

Bœuf Bourguignon

Auch die schönste Kreuzfahrt nimmt einmal ein Ende. Braun gebrannt und vier Kilo schwerer kehrte ich nach Hamburg zurück – und war zwiegespalten, ob ich meiner Mutter danken oder sie ausschimpfen sollte, dass sie mir das angetan hatte. Einerseits muss ich gestehen, dass es letztlich doch eine sehr vergnügliche Reise geworden war. Andererseits hatte sie mich dazu genötigt, und das widerstrebte mir doch sehr. Deshalb nahm ich mir vor, sie nach meiner Rückkehr erst einmal nicht anzurufen.

Musste ich auch nicht. Denn ich hatte die Gangway noch nicht ganz passiert, da klingelte schon mein Handy. »Du solltest mehr auf deine Figur achten, Junge«, sagte eine mir wohlbekannte Stimme. Erschrocken blickte ich mich um. Sie musste hier irgendwo stehen und mich beobachten. »Konntest du dich wieder nicht beherrschen am Büffet? Du wirst langsam fett.«

»Mama!«, unterbrach ich sie. »Wo bist du denn überhaupt? Ich seh dich gar nicht.«

»Dafür sehe ich dich umso besser. Guck doch mal Richtung Elphi.«

»Richtung was?«

»Elbphilharmonie.«

Ich ließ den Blick gen Süden schweifen, und tatsächlich: Auf der Terrasse des Nobelrestaurants »Johanns« saß, ein Opernglas in der Hand, meine Mutter und winkte mir mit einem roten Fächer zu, ehe sie sich selbst wieder Luft zuwedelte. »Komm doch rüber. Wir essen eine Kleinigkeit.«

Essen! Das Einzige, was ich nach dieser Reise wirklich nicht wollte. »Ach, weißt du, Mama«, sagte ich, »ich muss mich jetzt erst einmal ein bisschen ausruhen.«

»Ausruhen? Vom Urlaub? Kommt ja gar nicht in die Tüte. Chill mal ein bisschen und beweg jetzt mal deinen . . .«

Nun gut, es lief darauf hinaus, dass ich wenig später mit meiner Mutter an einem Tisch im »Johanns« saß und mir Bœuf Bourguignon bestellte. Das heißt: bestellen ließ. Denn Mama wusste genau, was ich wollte.

»Wir müssen ein wenig planen, mein Lieber«, erklärte sie mir, während sie sich noch einen Martini bestellte und den beiden Herren zuwinkte, die sich an den Nebentisch setzten.

»Ach. Und was?«, fragte ich und erkannte mit Erstaunen, dass es meine liebestollen Kabinennachbarn waren, die dort Platz nahmen. Rank und schlank sahen die beiden aus – kein Wunder, trainiert hatten sie ja reichlich.

»Die Party!«

Ich sagte nichts, sondern wartete lieber erst einmal ab. Was auch nicht clever war. Denn natürlich durchschaute meine Mutter sofort, dass ich nicht durchblickte, von welcher Party die Rede war. Wäre es die Abiturfeier eines meiner Neffen gewesen oder die Feier zum endgültigen Weltfrieden, dann wäre das nicht weiter schlimm gewesen. Schlimm war, dass ich gar nicht darauf kam, dass von *ihrer Geburtstagsparty* die Rede sein könnte. »Du hast ihn vergessen!«, stellte sie fest, und zwar mit einem Ton, als müsste sie die Todesstrafe verhängen. Fühlte sich auch so ähnlich an.

»Aber . . . hör mal, Mama«, stotterte ich. »Du feierst doch nie deinen Geburtstag! Kein Mensch weiß, wie alt du in Wirklichkeit bist.«

»Darf ich fragen, was *in Wirklichkeit* heißt?«

»Na ja: welches Alter in deinem Pass steht«, schlug ich vor.

»Pah! Ich habe drei Pässe, und in jedem steht ein anderes Geburtsdatum!« Sie nahm ihr Glas und kippte es auf ex. Dann zielte sie mit dem Zeigefinger auf mich und erklärte: »Du kannst es aber wiedergutmachen.«

»Aha. Und wie?«

Vornehm tupfte sie sich mit der Serviette über die wie immer grell geschminkten Lippen (offenbar hatte sie schon gegessen) und sagte: »Du organisierst mir das Fest.« Und während ich noch nach Worten rang, suchte sie nach Geld in ihrer Tasche, fand nichts, tätschelte mir die Wange und erklärte: »Lad mich ein, ja? Ich habe offenbar mein Portemonnaie zu Hause vergessen.«

Damit ließ sie mich am Tisch zurück. Mich und das – übrigens hervorragende – Bœuf Bourguignon, das gerade gebracht wurde.

Der Letzte Wille

Mein nervöser Magen meldete sich wenige Stunden später. Vielleicht trug auch der Groll auf meine Mutter dazu bei, dass ich mich so mies fühlte. Aber diesmal wollte ich mich wehren. Es ging einfach nicht, dass Mama sich ständig in mein Leben einmischte. Und bei den Jobs, die ihr für ihr eigenes Leben zu anstrengend waren, spannte sie einfach mich vor den Karren. So würde ich nicht länger mit mir umspringen lassen. Immerhin war ich kein kleines Kind mehr. Na ja, genau genommen war ich gar kein Kind mehr. Auch kein Jugendlicher oder – na gut: Ich hatte bereits die Midlife-Crisis hinter mir. Wenn man davon absah, dass meine Mutter praktisch eine menschgewordene Krise für mich war. Und allein für das Aushalten dieser Dauerkrise gebührte mir doch wohl ein gewisser Respekt. Ja. Ich war entschlossen: Diesmal würde ich ihr die Meinung geigen. Das hatte sie sich mit ihren ganzen Manövern und Intrigen der letzten Wochen und Monate mehr als verdient.

Geladen wie selten griff ich zum Telefon und wollte gerade ihre Nummer wählen, als es klingelte. Ich hob ab. »Berg?«

»Bist du es, Klaus?«, fragte die überraschend leise Stimme – meiner Mutter.

»Wer soll es denn sonst sein, Mama?«, sagte ich, klang aber deutlich weniger streng als geplant. Hoffentlich hatte sie nichts. Sie klang ja wie ein schwaches Echo ihrer selbst.

»Ach, Kind«, hauchte sie.

»Ist alles in Ordnung, Mama?«

»Nichts ist in Ordnung.« Ein tiefer Seufzer. »Es wird Zeit, dass wir zum Notar gehen. Höchste Zeit.«

»Zum Notar? Aber weshalb? Willst du dir ein Haus kaufen? Einen Ehevertrag aufsetzen lassen?«

»Testament, mein Junge. Testament. Der Letzte Wille.«

»Oh.« Was sagt man dazu. Eben noch denkt man, sie will einen auf Teufel komm raus überleben, und dann sollen plötzlich die letzten Dinge geregelt werden. »Natürlich, Mama«, sagte ich, wohl wissend, dass in solchen Angelegenheiten Feingefühl gefragt ist. Man soll den Wunsch eines Menschen nach dem Abfassen einer letztwilligen Verfügung ernst nehmen, selbst wenn man ihn am liebsten weit verdrängen würde. »Ich ruf gleich morgen beim Notar an.«

»Hab ich schon erledigt«, erklärte meine Mutter und klang nicht mehr ganz so zerbrechlich. »Morgen um fünfzehn Uhr. Bring deinen Ausweis mit.«

»Und wo . . .«

»Dr. Dr. Schmidt. Wie üblich.«

Ich holte gerade Luft, um noch den einen oder anderen Gedanken zu formulieren, ihr vielleicht ein wenig geistig-moralische Unterstützung zukommen zu lassen und mich außerdem ein bisschen zu informieren, was denn drinstehen würde in ihrem Testament. Aber da hatte sie schon aufgelegt. Typisch. Mama war schon immer von der schnellen Truppe gewesen. Ich konnte nur hoffen, dass sie das nicht auch beim Sterben sein würde. Denn irgendwie hatte ich mich in den letzten Jahrzehnten so an sie gewöhnt, dass mir der Gedanke schwerfiel, morgen mit ihr beim Notar zu sitzen und vielleicht übermorgen neben ihrem Sarg.

Ob sie was Schlimmes hatte? Eigentlich hatte sie bei unserem Treffen in dem Restaurant am Hafen doch ganz gut ausgesehen. Ich hätte schwören können: besser als ich. Aber man steckt ja nicht drin. Am Ende hatte sie irgendwas Tödliches und alle wussten es längst, nur ich nicht. Weil sie nicht wollte, dass ihr Sohn sich Sorgen machte.

Ich schlief schlecht in dieser Nacht. So schlecht, dass es am nächsten Tag eher aussah, als begleite ein alter Mann seine jüngere Schwester zum Notar und nicht ein Sohn seine sechsundneunzigjährige Mutter. »Nun reiß dich mal ein bisschen zusammen!«, zischte sie mich an, als wir im Wartezimmer saßen. »Du siehst ja aus wie Johannes der Täufer in der Endphase.« Keine Ahnung, ob mich der Vergleich mit dem Heiligen oder die Endphase mehr irritierte. Jedenfalls beschäftigte mich das lange genug, um von der Notariatsgehilfin eine extragroße Tasse Kaffee gereicht zu bekommen. Offenbar eine gut gemeinte Wiederbelebungsmaßnahme. Meine Mutter checkte derweil ihre Mails auf dem Smartphone. Oder die Aktienkurse. Oder beides. Vielleicht aber auch die Preislisten führender Steinmetze, um sich beim Grabstein nicht übers Ohr hauen zu lassen? Wer vermochte das schon zu sagen.

Dr. Dr. Schmidt schon mal nicht, denn der Mann hatte die Sensibilität eines Presslufthammers. Mit ausladenden Schritten (davon einer auf meinen großen Zeh) trat er auf meine Mutter zu und dröhnte: »Wie schön, Sie wieder einmal zu sehen, Frau Berg! Sie sehen ja BLENDEND aus! Wie kommen Sie nur immer zu diesem bezaubernden Teint!«

Keine Frage, dass Mama sich geschmeichelt fühlte. Was sie nicht davon abhielt, zu entgegnen: »Halten Sie keine Maulaffen feil, Herr Doktor. Ich bezahle Sie für Arbeit, nicht für Schmalz und Schmeichelei.«

Der Notar lachte lauthals, wandte sich mir zu und stellte fest: »Ihre Frau Mutter hat einen so goldigen Humor!«

»Dem kann ich nur zustimmen«, erklärte ich, während ich ihm die Hand schüttelte. »Aber die Empathie eines Marquis de Sade.« Und ehe irgendjemand darauf antworten konnte, fügte ich hinzu: »Aber das tut nichts zur Sache. Heute sind wir hier, weil sie ihr Testament machen möchte.«

»Ich?« Als spräche Mutter mit einem unverständigen Kind, dem man nicht böse sein konnte, weil es so naiv war, erklärte sie: »Aber *ich* mache doch kein Testament, Junge.«

»Ach. Nicht?«

»Nein. *Du* sollst eines machen!«

Wer überlebt hier wen?

Schon mal ein Testament gemacht? Im Ernst: Eigentlich ist das doch etwas, worum man sich keine Sorgen machen sollte. Wenn man tot ist, ist man tot. Sollen sich doch die Hinterbliebenen um den ganzen Kram kümmern! Sie profitieren ja auch davon.

»Das stimmt so nicht ganz, Herr Berg«, klärte mich Dr. Dr. Schmidt auf. »Haben Sie für Ihr Vermögen nicht hart gearbeitet?«

Vermögen! Der Mann hatte keinen Schimmer. Aber in einer Hinsicht hatte er recht: »Hart erarbeitet ist es, das stimmt schon, aber Vermögen ...«

»Nun, das müssen Sie wissen. Wollen Sie das zu einem Gutteil dem Staat überlassen?«

»Dem Staat? Nein. Wie käme ich dazu? Der hat ja schon die ganzen Steuern kassiert.«

»Eben. Und Ihrer Frau Mutter? Wollen Sie es ihr überlassen?«

»Meine ... Mutter? Ich hoffe doch, dass ich sie überlebe.« An der Stelle feuerte meine Mutter mir einen Blick zu, der mir das Blut in den Adern gefrieren ließ. »Entschuldige, Mama«, murmelte ich. »So war das nicht gemeint.«

»Ich weiß sehr wohl, wie das gemeint war!«, erklärte

meine Mutter und herrschte Dr. Dr. Schmidt an: »Wie wir das regeln, lassen Sie mal unsere Sorge sein.«

»Wir? Wieso wir?«, dachte ich, sprach es aber lieber nicht aus. »Nun«, sagte der Notar. »Was schwebt Ihnen denn vor, Frau Berg?«

»Ich werde natürlich in dem Testament als Haupterbin erwähnt.«

»Ach«, sagte ich.

»Ah ja?«, fragte der Notar.

»Sicher.« Mama wandte sich zu mir: »Ich weiß schließlich am besten, was mit deinem Vermögen geschehen sollte, wenn du stirbst, oder? Ich meine, falls du es gelegentlich noch mal zu einem Vermögen bringst.« Und leise fügte sie hinzu: »Die Hoffnung stirbt ja bekanntlich zuletzt.«

»Und wie formulieren wir das dann?«, fragte ich. »Nur mal so interessehalber . . .«

»Ich habe da mal was aufgesetzt«, erklärte Mama und zog eine Mappe aus ihrer großzügigen Louis-Vuitton-Tasche, die sie aber nicht mir überreichte, sondern dem Notar. Der studierte das Papier rasch, blickte dann von ihr zu mir und wieder zu ihr und sagte zögernd: »Wenn Sie meinen . . . Ich hätte da aber noch ein paar Vorschläge . . .«

»Papperlapapp«, schnitt ihm meine Mutter das Wort ab. »Wir machen das so oder wir suchen uns einen anderen Notar.«

Dr. Dr. Schmidt nickte beflissen, während ich mich fragte, warum Mama eigentlich immer von »uns«, sprach. »Tja dann«, sagte der Notar und trug die Mappe ins Nebenzimmer.

»Sollte ich nicht vielleicht auch einen Blick darauf . . .«

»Das kannst du ja dann tun, wenn du zu Hause bist.«

Der Notar baute seine Leibesfülle vor uns auf und tippte verlegen die Fingerspitzen aneinander. »Und – nur mal ganz hypothetisch, Frau Berg – wenn zum Beispiel nun Sie vor Ihrem Sohn sterben sollten?«

Meine Mutter wäre nicht meine Mutter gewesen, wenn sie an der Stelle nicht einen Flachmann aus der Tasche geholt und einen kräftigen Schluck genommen hätte, ehe sie ihm beschied: »Das werde ich zu vermeiden wissen.« Und, unter uns: Ich traute ihr das durchaus zu.

Es stellte sich übrigens heraus, dass ich meinen Nachlass so geregelt hatte: Meine (nicht existierenden) Immobilien vererbte ich meiner Mutter. Ebenso die (genauso wenig vorhandenen) Aktien und sonstigen Wertpapiere. Die persönlichen Dinge, sofern sie von überwiegend ideellem Wert waren, sollten Tante Friedas Kinder erben (»Sie sollen sich nicht ans Materielle klammern, sondern dich als Mensch in Erinnerung behalten, Junge.«). Warum Tante Waltraut meine Plattensammlung bekommen sollte, war klar: Mama hasst Waltraut, und Waltraut hasst klassische Musik.

Immerhin konnte ich beim Rausgehen unbemerkt mit Dr. Dr. Schmidt vereinbaren, dass ich am nächsten Tag wiederkommen würde, um das Testament auf der Stelle zu widerrufen. Ich musste also nur vierundzwanzig Stunden am Leben bleiben. Was sich als schwieriger erweisen sollte als gedacht.

Die Geburtstagsparty

Gerne erinnere ich mich an meine Großmutter, die uns leider schon vor vielen Jahren verlassen hat. Sie war eine herzensgute Frau, die sich selber nicht besonders wichtig nahm und sich stets um ihre Lieben gesorgt hat. In ihren späten Jahren seufzte sie oft: »Man sollte nicht so alt werden.« Die Zipperlein setzten ihr zu. Aber das war es nicht allein. Ich denke, es hatte noch mehr damit zu tun, dass mit dem hohen Alter eine große Einsamkeit einherging. Die Freunde und Bekannten starben nach und nach weg. Und sie, die sehr lange lebte, war irgendwann die letzte ihrer Altersgruppe. Niemand war mehr übrig, den sie aus ihrer Jugendzeit kannte.

Mit zunehmendem Alter musste ich an diesen Satz denken: Man sollte nicht so alt werden. Ob sie am Ende recht hatte? Wie würde es mir gehen, wenn ich eines Tages der Letzte meiner Art war? Nun ja, von meiner Mutter natürlich abgesehen. Würde es mich belasten? Würde ich vereinsamen? Diese Gedanken kamen mir auch jetzt in den Sinn, als ich mich daranmachte, Mutters Geburtstagsparty zu organisieren. Schon allein die Einladungskarten: Wer sollte, wer würde kommen? Wer *lebte* überhaupt noch? Grübelnd saß ich am Küchentisch und notierte mir Namen, suchte Adressen heraus, trank einen Baldriantee nach dem anderen, dann ein

Glas Roten und schließlich ein paar ordentliche Schnäpse, bis ich mich so weit seelisch wieder im Griff hatte, dass ich zum Hörer griff und Mama anrief. »Guten Abend, Mama, ich hoffe, ich wecke dich nicht auf.«

»Aufwecken? Machst du Witze? Ich gucke gerade Pool-Billard. Nachher wird mich wahrscheinlich der Notarzt wiederbeleben müssen, so nah bin ich am Herzinfarkt.«

»O Gott, Mama! Dann mach es sofort aus!«

»Wieso? Deshalb guckt man's doch. Weil es spannend ist.«

»Aha. Okay. Also, ich rufe an wegen der Einladungen zu deiner Geburtstagsfeier.«

»Mhm.«

»Mama?«

»Er hat die Acht reingemacht!«

»Mama?«

»So ein Vollidiot! Da spiele ich ja im Schlaf oder auf dem Topf sitzend besser!«

»Mama?«

»Schicke ich dir gleich rüber.«

»Äh, was jetzt?«

»Die Liste. Per Mail. Alles längst erledigt. Du musst die Einladungen bloß noch rausschicken. Und natürlich vorher drucken lassen. Aber such was Hübsches aus und knauser nicht wieder so rum.«

Ich schwöre, ich habe in meinem Leben noch nie geknausert. Schon gar nicht bei meiner Mutter, die mir lieb und teuer ist. Vor allem letzteres. Aber was will man machen, wenn man erst einmal ein Image hat, egal wie ungerecht und wie unberechtigt es sein mag, dann wird man es vermutlich nie wieder los. »Alles klar, Mama. Gute Nacht.«

»Gute Nacht, Junge.« Und weg war sie. Ich schob sämtliche Zettel von mir und beschloss, mir auch den Adrenalinkick eines Billard-Turniers zu gönnen. Neugierig zappte ich mich durch die diversen Sender, bis ich schließlich das Grün eines Billardtischs erkannte. Zwei Minuten später war ich eingeschlafen.

Als ich mit Genickstarre erwachte und meine Mails checkte, hatte Mama geliefert: eine Liste von sieben Seiten mit geschätzt vierhundert Adressen, die ich beschicken sollte. Gab es in Hamburg irgendjemanden, den sie nicht einladen wollte? Erstaunt und auch ein bisschen beeindruckt studierte ich die Liste, auf der neben Ministern und Erbprinzen auch eine amtierende Weinkönigin, ein paar Großindustrielle und diverse Popstars standen. Bei Mick Jagger spürte ich, wie mir eine Gänsehaut über die Arme kroch – bis ich erkannte, dass der, an den ich gedacht hatte, sich anders schrieb. John Lennon strich ich von der Liste. Den hätte ich zwar gerne eingeladen, aber das wäre wohl sinnlos gewesen.

Vierhundert Einladungen zu drucken, zu adressieren und zu verschicken, würde mich die nächsten paar Tage beschäftigen. Was mich jetzt aber noch viel mehr beschäftigte, war die Frage, wo um alles in der Welt ich einen Saal für so viele Menschen finden würde. Denn angenommen, die sagten alle zu (es schien mir schwer vorstellbar, dass jemand den Mumm hatte, meiner Mutter abzusagen): Wie sollte man die alle bespaßen und bewirten?

Zum Glück hatte Mama auch dafür eine Lösung parat. In einer zweiten Mail hatte sie schlicht und klar geschrieben: »Ich habe den Ballsaal im Atlantic reserviert. Du musst dich nur noch um die Details kümmern.« Was natürlich bedeutete: den Vertrag abschließen und eine Hypothek aufnehmen, um die Miete zahlen zu können. Zu meiner großen Überraschung aber hatte niemand die Absicht, Miete von mir zu fordern. Vielleicht hatte Mama tatsächlich schon selber gelöhnt? Oder sie hatte was mit dem Hotelmanager angefangen? Jedenfalls, das muss ich sagen, war man äußerst zuvorkommend und unterstützte mich, wo immer es ging. Diese Leute sind ja so was von professionell! Blumengedecke auf den Tischen? Lieber eines, lieber zwei, drei, hübsch verteilt? Lieber den 84er Château Plumeau oder den 93er Merde de Plafond? Bringen Sie die Band selber mit oder sollen wir sie für Sie organisieren? Lieber klassisch oder modern? Vielleicht zwischendurch ein bisschen Kabarett? Es gäbe da eine Hamburger Pianistin, die sehr zu empfehlen wäre. Oder doch eine Band?

Band! Guter Punkt! Klar, Mama liebte Musik. So wie ich sie kannte, hätte ich ihr im klassischen Fach nicht unter Pavarotti kommen dürfen. Da sie den aber inzwischen auch überlebt hatte und Domingo leider am besagten Tag einen Auftritt in der Met in New York hatte, beschloss ich, lieber was Modernes für sie zu buchen, was zum Abhotten. Musik aus ihrer Jugendzeit! Ich musste weit zurückdenken, um mir etwas Passendes einfallen zu lassen. Die Beatles waren später. Hm. Fats Domino auch. Bill Hailey dito. Und außerdem waren die ja alle schon tot. Oder fast. Wenn ich es recht bedachte, hätte ich aus Gründen der Nostalgie die Comedian Harmonists engagieren müssen. Oder Zarah Leander. Nur dass die noch viel toter waren als die Rock 'n' Roller. Mann, wie die Zeit verging! Nachdenklich saß ich am Fenster meiner Hamburger Wohnung und blickte hinaus in den Spätsommer. Der Wind blies die Wolken über die Elbe. Ein paar Möwen kackten gegenüber einen Laternenmast voll. Wenn es meine Geburtstagsparty wäre, dann würde ich . . . Ja, wen würde ich wohl für mich engagieren? Je länger ich nachdachte, desto weiter musste ich zurückdenken. Die Stones hätten es schon sein müssen. Dass die noch am Leben waren, war bekanntlich eine verrückte Laune des lieben Gottes. Eigentlich sahen sie inzwischen eher aus wie Untote. Aber gut, ehrlicherweise musste ich mir eingestehen: Wenn man mich in Klamotten steckte wie Mick Jagger oder Keith Richards auf der Bühne, dann hätte ich auch als Draculas kleiner Bruder durchgehen können. Nein, es ging schon in Ordnung, dass die Jungs es nicht bleiben ließen. Sie wünschten sich ewige Jugend. Und sie bekamen zumindest einen Haufen Schotter dafür. Für das Geld, das die verdienten, hätte ich mich auch zum Affen gemacht.

Okay, die Stones schieden aus, Domingo auch, was tun? Vielleicht doch Kabarett? Ich erinnerte mich an den Vorschlag des Portiers aus dem Hotel Atlantic. Eine Hamburger Pianistin. Vielleicht war das eine gute Idee. Vage erinnerte ich mich an das Foto, dass mir der Concierge gezeigt hatte. Eine äußerst attraktive, ziemlich junge Blondine in Begleitung eines älteren Schauspielers, der seine besten Tage bereits hinter sich hatte. Nein, keine gute Idee. Weiblich, attraktiv, liiert und auch noch Kabarett. Das war eine Kombination, die meiner Mutter mit Sicherheit nicht gefallen würde.

Ich ging noch einmal die Gästeliste durch. Ob Helene Fischer was zum Besten geben würde, wenn sie kam? Oder wenigstens Marius Müller-Dingsbums? Alles anscheinend gute alte Freunde von Mamachen, auch wenn sie mich keinem von ihnen je vorgestellt hatte. Otto Waalkes stand auch auf der Liste. Aber den hatte sie vermutlich eher als Spaßmacher für mich draufgeschrieben. Und für die anderen anwesenden Kinder. Hm. Vielleicht doch das Hotel machen lassen? Die überforderten mich aber jetzt schon dauernd mit ihrem Entscheidungsterror: Tischdecken in Malve oder in Papaya? (Warum nicht in Aspik?) Tischdeko zum Mitnehmen oder zum Wiederverwenden? (Vielleicht doch besser gar keine?) Das dritte Menü nur vegetarisch oder vegan? (Die kennen meine Mutter nicht: der kann das Steak gar nicht blutig genug sein.) Gesetzte Tischordnung oder freie Platzwahl? Das immerhin hätte mir einige Möglichkeiten gelassen, mal ein paar Leute kennenzulernen, die mich interessierten. Helene Fischers Dekolleté zum Beispiel. Oder Tina Turners Beine. Tina Turner! Das war's! Die musste doch inzwischen mindestens so alt sein wie meine Mutter. Wenn ich die zusammen mit Cher als Duett auftreten ließe, da könnte man sogar noch den NDR dazu bekommen, die ganze Veranstaltung zu filmen und live zu übertragen. Rein kostentechnisch wäre das der Befreiungsschlag gewesen. Und auch sehr schmeichelhaft für Mama. Leider stand Cher nicht auf der Gästeliste. Und hinter den Namen Tina Turner hatte Mama ein kleines Sternchen gemacht, wie ich jetzt feststellte. Ganz unten unter der Liste fand sich dazu der Vermerk: »Nur, wenn sie nicht singt! Und ihren Mann nicht mitbringt!«

Es dauerte kaum mehr als zwei Wochen (inklusive Wochenenden), da hatte ich die Party organisiert. Jetzt noch ein paar Tage Anlauf, und dann konnte Mama gefeiert werden. Erschöpft warf ich mich aufs Sofa und beschloss, bis dahin keinen Finger mehr zu rühren. Sogar das musikalische Problem war gelöst: Der Star des Abends würde es nicht weit haben, denn er wohnte nur fünf Minuten vom Atlantic entfernt. Und wenn er nur halb so alt war, wie er aussah, würde er sicher auch ein paar Hits aus Mamas Jugendzeit zum Besten geben können, zumindest, falls er nüchtern war. Zufällig kannte ich ihn und rief ihn direkt an: »Benny?«

»Bist du das, Klaus, altes Haus?«

»Hm . . . ja, das bin ich.«

»Was liegt an, Mann?«

»Meine Mutter plant eine große Geburtstagsfeier. Und wir dachten, dass wir dich vielleicht als Stargast einladen könnten. Du könntest ein paar Lieder singen, vielleicht bisschen was von früher und so . . . «

»Alles klar auf der Andrea Doria. Aber du weißt, dass ich nicht für lau singe.«

»Weiß ich, Benny. Wir werden uns bestimmt einigen.«

»Da will ich drauf pochen, alter Knochen.«

»Ja, fein, ähm, dann plane ich dich mal ein, ja?«

»Ja, Mann, plan mich ein. Und stell schon mal den Schampus kalt.«

Der große Abend

Ich hätte wissen müssen, dass Benny nicht die richtige Wahl für meine Mutter war. Er stand ganz einfach für eine ganz andere Art von Weltauffassung. Meine Mutter war nun mal ein Snob. Um seinen Auftritt zu verhindern, lotste sie ihn direkt von der Rezeption zur Bar, wo er so lange und so intensiv versorgt wurde, dass er gar nicht merkte, wie bereits ein Gesangsduo musizierte. Anschließend würde eine DJane die Plattenteller bis spät in der Nacht übernehmen.

Zuerst aber galt es, ein paar andere Tagesordnungspunkte abzuhaken. Zum Beispiel die Begrüßungsrede. Sie denken, die hätte ich gehalten? Aber nein, dafür hatte Mama einen ehemaligen Kanzlerkandidaten und jetzigen Top-Banker angeheuert, der zuallererst einmal klarstellte: »Dass ich hier rede, meine Herrschaften, hat nichts mit Wahlkampf zu tun. Manche Ereignisse sind einfach zu wichtig, als dass man sie so profanen Dingen unterwerfen dürfte wie dem Angeln nach Wählerstimmen. Und wenn, dann würde ich das sowieso der Jubilarin überlassen. Sehen Sie sich um! Kein Mensch mobilisiert seine Anhänger so perfekt wie unsere liebe, fast hätte ich gesagt, unsere gute alte Adelgunde Berg. Nur, dass sie eben nicht alt ist! Es muss ein Fehler im Kalender sein, dass wir heute ihren Sechsundneunzigsten feiern . . .«

»Ist vermutlich schon bei der Umstellung zum Gregorianischen Kalender passiert«, warf meine Mutter zur allgemeinen Belustigung ein. Ich war überrascht, dass sie so selbstironisch sein konnte.

»Wie auch immer«, fuhr der Festredner fort und strich sich übers lichte Haupthaar. »Wir sind da. Und das ist es doch, was zählt. Weil wir alle wissen, was wir an ihr haben.« Beifälliges Gemurmel. »Und vor allem: weil wir Angst vor ihr haben.« Einzelnes vorsichtiges Lachen. »Ja, ja, ich merke schon, Sie sind vorsichtig. Und Sie haben recht! Denn wer sich den Zorn unserer lieben Adelgunde zuzieht, der hat nicht mehr viel zu lachen. Nein, wir wollen uns in ihrer Gunst sonnen. Glauben Sie mir, ich weiß, wovon ich spreche.

Liebe Adelgunde, wir sind glücklich, dass wir dich haben. Sechsundneunzig! Auch wenn man es nicht glaubt, wenn man dich sieht, es ist doch ein besonderes Alter. Ich wünschte ja, wir könnten uns in sechsundneunzig Jahren wiedersehen und wieder auf dich anstoßen. Nur fürchte ich, dass wir das nicht hinbekommen. Und wieder liegt's an mir. Denn dass es dich einmal nicht mehr gibt, ist schwer vorstellbar. Aber *ich* werde die Strecke wohl nicht schaffen.

Nun, wir alle jedenfalls wollen dich hier und heute von ganzem Herzen hochleben lassen! Liebe Gäste, liebe Freunde der Jubilarin, stoßen Sie mit mir an auf die wunderbare, unvergleichliche, unbezahlbare Adelgunde Berg. Eine große Frau mit einem großen Herzen. Möge sie noch viele Jahre unter uns weilen.«

»Solange das nicht auf dem Friedhof stattfindet«, ergänzte Mama trocken. Und ich muss sagen, während die anderen herzhaft lachten und mit ihren Bellinis und Champagnern anstießen, hatte ich einen kleinen depressiven Schub.

Ja, dachte ich, so ist das. Plötzlich bist du alt. Womöglich sogar steinalt. Wie Mama. Und alles, was den anderen dazu einfällt, ist, dich ständig an die Sterblichkeit zu erinnern. Im Ernst, wer sagt denn einem Sechsjährigen: »Hoffentlich lebst du noch ganz lange.« Oder: »Im Jenseits ist noch ein Plätzchen frei, aber bleib erst mal hier.« Da ist immer alles ganz positiv und zukunftsorientiert. Später ändert sich das. Erst leise und schleichend, dann Marke Dampfhammer. Mir ist das zum ersten Mal aufgefallen bei meinem Fünfzigsten, als plötzlich alle von der »Lebensmitte« faselten. Ich meine, kann natürlich sein, dass man so ein biblisches Alter erreicht wie meine Mutter. Aber normal ist das nicht. Die meisten geben ja doch deutlich früher den Löffel ab. Deutsche früher als Japaner. Männer früher als Frauen. Arme früher als Reiche. Fleischesser früher als Vegetarier. Hm. Wenn ich mir das so überlege, dann wird mir ehrlich gesagt bange. Müsste ich nicht längst tot sein? Oder hat sich in meinen Stammbaum irgendein unentdeckter japanischer Vegetarier eingeschlichen? Zweifelnd beobachtete ich Mama, die mal wieder mit sämtlichen Männern in ihrer Umgebung schäkerte. Vorstellbar wär's ja gewesen. Eigentlich. Andererseits stand sie mehr auf große, muskulöse Kerle. So ein Japaner ist doch eher zierlich und kurz gewachsen. Jedenfalls der Durchschnittsjapaner. Und Durchschnitt ist schon mal gar nichts für Mama.

»Cheerio, Herr Berg!«, rief mir ein ehemaliger Fußballprofi zu, der inzwischen mit Würsten ein Vermögen gemacht hatte. »Nette Party.« Er knallte seine Sektflöte gegen meine. »Hat Sie sicher ein hübsches Sümmchen gekostet.«

»Ach . . .«

»Aber gibt's hier auch was Vernünftiges zu trinken? Hat jemand ein Weißbier?« Er sah sich um. Wie er da inmitten der

Menge stand und seinen massigen Körper in alle Richtungen drehte, dachte ich, dass das mit der Lebenserwartung der japanischen Vegetarier doch wohl ein Märchen sein musste. Fake News sozusagen. Denn dieser Mann hier war ja wohl absolut unkaputtbar. Und dabei war er praktisch die reine Veredelung von Bratwurst und Bier. Eigentlich der Typ Mann, auf den meine Mutter wirklich stand. Verwirrt blickte ich von ihm zu ihr und zurück. Hatten sie sich zugezwinkert? War der bayerische Fußballmanager am Ende der vermeintliche japanische Liebhaber? War er am Ende gar mein leiblicher Vater?

Schwer vorstellbar, da er ja doch um einige Jahre jünger war als ich. Schade! Schließlich mochte ich sowohl seinen Verein als auch seine Würste. Nur seine Vorliebe für Weißbier teilte ich nicht.

Und dann kamen die Arien. Puccini, Donizetti, Verdi, die ganze Palette. Die Kiryazina zwitscherte, der Andrejkin vögelte (sagt man so?), dass es nur so in den Ohren klang. Und meine Mutter stand plötzlich neben mir und trat mir mit ihren Louboutins dermaßen beherzt auf die Zehen, dass ich ungewollt ein hohes C beisteuerte. »Pst!«, zischte sie mir zu. »Du blamierst mich mal wieder bis auf die Knochen.«

»Entschuldige«, presste ich mühsam zwischen den Zähnen hervor, während ich überlegte, ob ich fragen sollte, ob ein Arzt im Saal war. »Was ist denn los?«

»Ich möchte dir jemanden vorstellen.«

»Und dazu musst du mir die Zehen amputieren?«

»Ach, sei nicht so ein Weichei. Zehen werden völlig überschätzt. Frag mal die anwesenden Frauen. Die quälen sich alle jeden Tag mit untragbaren Schuhen.«

Keine Ahnung, was das mit ihrem tätlichen Angriff auf meine körperliche Unversehrtheit zu tun haben sollte. Jedenfalls humpelte ich hinter ihr her, bis wir vor einer stattlichen Dame standen, in der ich meine Grundschullehrerin zu erkennen glaubte. »Fräulein Beiselwang?«

»Wie bitte?«

»Oh, Entschuldigung, ich hatte Sie verwechselt.«

»Hach, das ist doch eine nette Gelegenheit, euch etwas besser kennenzulernen«, flötete meine Mutter, während im Hintergrund das Opern-Duo gerade Madame Butterfly meuchelte. Im nächsten Augenblick war sie bereits am Arm eines Gastes verschwunden, in dem ich Gerhard Schröder zu erkennen glaubte. »Ähm, Klaus«, stotterte ich. »Berg.«

»Gitte«, erwiderte die Dame, die in ihrer Jugend vermutlich mal Kugelstoßerin gewesen war, mittlerweile aber an Zierlichkeit und Anmut eingebüßt hatte. »Fröhlich.«

»Angenehm.« Okay, fröhlich sah sie aus. Vielleicht sogar etwas amüsiert. Jedenfalls musterte mich die Matrone durch ihre 28-Zoll-Brillengläser und prostete mir mit etwas zu, was aussah wie Sauerkrautsaft mit Preiselbeeren.

»Ebenfalls«, log ich, angelte mir ein Glas von einer vorbeischwebenden Bedienung, merkte zu spät, dass es ein Weißbier war, und stieß notgedrungen damit an.

»Ich mag Männer, die ein gutes Bier lieber trinken als dieses schwule Zeug.« Gitte warf einen verächtlichen Blick auf all die champagnerschlürfenden Geschlechtsgenossen, die ich sehr um das »schwule Zeug«, beneidete. Dann trat sie einen Schritt näher auf mich zu. Hastig zog ich meinen lädierten Fuß zurück. »Und Sie kennen meine Mutter woher?«, versuchte ich es mit Smalltalk. Aber sie schien meine Frage gar nicht gehört zu haben. »Und Sie haben das alles hier organisiert, Klaus Berg?« Sie guckte mir in die Augen, und ich hatte das Gefühl, den Blick könnte sie sich bei der Schlange Kaa aus dem Dschungelbuch abgeguckt haben. »Ich mag Männer, die was auf die Beine stellen.«

»Ähm, ja. Ich auch«, stotterte ich. Sofort zuckte sie zurück. »Sie auch? Was soll das heißen? Sind Sie etwa andersrum?«

»Wie? Andersrum?« Gott! Ich hatte mir eine Schwulen-
hasserin zur Feindin gemacht. Alles kein Problem, wenn man
nicht schwul ist. Es sei denn, die andere Seite denkt, man
wäre es. »Nie im Leben!«, rief ich und haute mir innerlich selber eine runter, denn ich hasse Schwulenhasser und will
ihnen garantiert nicht nach dem Mund reden. »Prost!« Ein
bisschen zu laut vielleicht. Man guckte sich nach mir um.
Einige hoben die Gläser. Andere, die es bemerkten, erhoben
sie ebenfalls.

Inzwischen waren die Sänger zum Trinklied aus *La Traviata* übergegangen, und so ergab es sich, dass plötzlich der gesammelte Saal die Gläser in die Höhe riss und sich zuprostete. Eine gute Gelegenheit, den Kopf einzuziehen, schnell zwischen all den Smokings und Roben hindurchzuschlüpfen und das Weite zu suchen. Und auch wenn ich mir ein bisschen feige vorkam, war ich doch mehr als froh, von Gittes Angelhaken gehüpft zu sein. Leider direkt wieder an die Seite meiner Mutter. »Ach«, sagte sie. »Gut, dass du da bist. Ich möchte dich jemandem vorstellen.«

Falls Sie den Film *Und täglich grüßt das Murmeltier* kennen: Ich kam mir ganz ähnlich vor. Denn, woher auch immer, Mama hatte erneut eine Frau zur Hand, die mich neugierig über ihre Sektflöte hinweg beäugte und dabei so was von »wie Gitte« aussah, dass ich wohl unwillkürlich: »Gitte?« flüsterte.

»Gitte? Sie müssen mich verwechseln.« Die vermeintliche Doppelgängerin wandte sich an meine Mutter. »Aber er ist wirklich süß, da muss ich dir recht geben, meine Liebe.«

»Ja, nicht wahr, Jutta?«, sagte Mama. Und: »Ich lass euch dann mal allein.«

»Wer ist süß?«, stotterte ich. Die lebensfrohe Rentnerin

im zwanzig Jahre alten Chanel-Kostüm lachte und stupste mich an. »Sie sind aber ein Schlimmer. Sie wollen es wohl ganz genau wissen, was?«

»Tja, also, ich . . .« Was sollte ich schon sagen? Einerseits hatte ich absolut keine Lust auf Smalltalk mit leicht frivolem Unterton. Andererseits wollte ich natürlich meine Mutter auch nicht brüskieren, indem ich ihre Gäste kränkte. Vor allem aber dämmerte mir, was hier vor sich ging! Mama wollte mich mit allen möglichen Weibern verkuppeln. Vermutlich in der Hoffnung, dass eine an mir kleben blieb. »Kleinen Moment bitte«, sagte ich und schenkte meiner Gesprächspartnerin ein Beamtenlächeln. »Bin gleich wieder da.« Und weg war ich.

Meine Mutter stand nur ein paar Schritte weiter, wo sie sich beim Ersten Bürgermeister der Freien und Hansestadt untergehakt hatte und verzückt der Darbietung der Sopranistin lauschte. Inzwischen war man bei *Carmen* angelangt, und ich glaubte, in den Augen der männlichen Gäste ein leichtes Unbehagen flackern zu sehen; aber vielleicht war das auch bloß mein eigenes Unbehagen. »Mama?«

»Schschschsch . . . Das ist Kunst!«

»Mama, kann es sein, dass du mir hier irgendwelche alten Schachteln ans Bein binden willst?«

»Also wirklich, Klaus, ich muss doch sehr bitten. Alte Schachteln! Das sind alles sehr kluge, kultivierte Frauen. Und vermögend sind sie übrigens auch alle.«

»Vermögend? Echt?«

»Aha, jetzt bist du doch interessiert.«

»Unsinn, Mama. Du glaubst doch nicht, dass ich auf eine von denen stehe. Die könnten ja alle . . .«

»Was? Meine Töchter sein?« Sie sah mir tief in die Augen. »Da hast du recht, mein Sohn.«

Ich wollte etwas entgegnen, aber Mama winkte ab. »Genieß lieber die Musik.«

»Mama, ich kann das nicht genießen, wenn der Saal hier von heiratswilligen Schrullen wimmelt, die nur auf mich gewartet haben.«

»Solltest du aber«, sagte Mama mit feinem Lächeln. »Wenn man bedenkt, was dich das hier alles kostet . . .«

Katzenjammer

Nach Gitte und Jutta kamen noch Ursula und Bernadette (von der ich geschworen hätte, dass sie mal vor vielen, vielen Jahren als Bernhard zur Welt gekommen war). Vermutlich auch noch ein paar mehr Kandidatinnen für den Bund fürs Leben. Aber kraft der gut bestückten Hotelbar konnte ich meine Vermittelbarkeit deutlich reduzieren, und der Abend nahm noch einen ganz netten Verlauf, in dem mein Kumpel Benny und die Sopranistin ein Duett aus *My Fair Lady* sangen und Mutter mit dem Landesbischof eine Rumba dazu tanzte. Was das Letzte ist, woran ich mich erinnere, bevor ich hinter der Garderobe einschlief.

Das böse Erwachen kam am nächsten Tag. Die Aufräumarbeiten waren in vollem Gange. Dabei wurde auch ich gefunden und zunächst unsanft geweckt – bis der Hoteldirektor in mir den Auftraggeber erkannte und mich mit in sein Büro nahm, wo er mir einen Kaffee servierte, mit dem man locker ein ganzes Massengrab hätte wiederbeleben können. Was allerdings auch nötig war, denn es fehlte ja nicht viel dazu, dass ich mich erschossen hätte. Mit dem Kaffee hatte er mir nämlich auch die Rechnung kredenzt. Die »vorläufige«, denn: »Die Schäden, die im Laufe des Abends und der Nacht entstanden sind, können wir leider noch nicht genau beziffern. Mit etwas Glück übernimmt die Versicherung das eine oder andere.«

Vielleicht, so überlegte ich, wäre eine gute Partie, wie Mama sie für mich vorgesehen hatte, doch nicht die schlechteste Idee. Aber mit meinem Auftritt in der vergangenen Nacht hatte ich mich wohl für eine ernsthaftere Beziehung mit einer der führenden Senior-Junggesellinnen Hamburgs nachhaltig – wenn nicht endgültig – disqualifiziert. Immerhin bestärkten mich die Erfahrungen der zurückliegenden Stunden darin, es nun doch noch einmal in aller Offenheit mit den Damen zu probieren, die mir so nett geschrieben hatten.

Karla

Keine Frage, Rendezvous sind eine wundervolle Sache. Wenn man jung ist. Wenn man schon etwas angejahrt ist, dann bergen sie Risiken und Nebenwirkungen, die man sich in jungen Jahren gar nicht bewusst macht.

Das fängt damit an, wohin man geht, das heißt: wo man sich trifft. Schlägt man ein Tanzcafé vor, besteht die Gefahr, dass man zum Tanzen auffordern muss oder – noch schlimmer – dazu aufgefordert wird. Wer mich einmal hat tanzen sehen, wird auf eine solche Idee nicht kommen. Wer einmal mit mir getanzt hat, wird das Lokal weiträumig meiden und schon prophylaktisch ein Paar solider Skistiefel anziehen. Schlägt man ein schickes Restaurant vor, dann kann sich der Abend hinziehen, selbst wenn man nach der ersten Minute weiß, dass man am liebsten gleich wieder weglaufen würde.

Also was? Ein Kunstmuseum? Man könnte da den kultivierten Silver Ager geben, einen Mann von Welt, der die schönen Dinge des Lebens liebt. Aber mein Kunstverständnis endet, ehrlich gesagt, vermutlich schon vor Picasso; von moderner Kunst verstehe ich überhaupt nichts. Mir war die Putzfrau, die die berühmte »Fettecke« von Joseph Beuys versehentlich wegputzte, immer irgendwie nahe gewesen. Also lieber keine Kunst.

Ins Fußballstadion? Keine Chance. In Hamburg konnte das nur im Frust enden. Das war sozusagen ein böses Foul noch vor Spielbeginn.

Ein Spaziergang! An der Alster. Unter alten Bäumen, die Segelboote betrachtend ... Wenn alles gut ging, konnte man auf ein Ausflugsschiff steigen und ein paar Stunden über die Kanäle schippern, Hamburg bei Nacht bewundern und später, wer weiß ... Gute Idee. Zumindest anfangs.

Dann nämlich muss man sich mit der Frage herumschlagen, was man anzieht. Schick sollte es sein, zum eigenen Stil passen und weder zu protzig noch zu billig daherkommen. Ein Anzug wäre auf jeden Fall eine gute Idee, schließlich signalisiert man damit, dass so ein Date nichts Alltägliches ist. Ich habe da einen blauen Anzug mit einem sehr schönen Einstecktuch – leicht tailliert, zeitlos im Schnitt. Damit war ich schon immer unwiderstehlich – dachte ich. Schnell stellte sich heraus, dass der Anzug immer noch tailliert war, ich aber nicht. Zum Glück war es ein Zweireiher. So was kann man offen auch tragen, wenn man eigentlich schon etwas rausgewachsen ist – horizontal, meine ich. Gilt aber leider nur für das Jackett. Mit den Hosen ist das anders. Wenn die nicht passen, passen die nicht.

Also doch die Sakko-Chinos-Kombination. Da fand sich dann auch das ein oder andere, womit ich zumindest als lebenslustiger reiferer Herr durchgehen würde. Gut, die Hosen, die am besten saßen, waren ausgerechnet die roten. Das war mir zunächst peinlich. Bis ich auf der Straße erkannte, dass zu meiner Überraschung gar nicht so wenige Männer rote Hosen tragen. Rote Hosen: offenbar ein Erkennungsmerkmal für Oldies wie mich.

Nun gut, ich traf ja keine Teenagermädchen. Und auch

keine kessen Twens. In den Dreißigern war, glaube ich, auch keine dabei. Oder in den Vierzigern. Eine »jung gebliebene Fünfzigerin« immerhin stand auf der Liste: Karla. Und die wollte ich als Erste treffen.

Wir hatten uns auf der Rathausbrücke verabredet. Wo ich zunächst eine halbe Stunde vergeblich wartete, bis mich eine Frau ansprach, die schon die ganze Zeit dagestanden hatte: »Äntschuldigung, sind Sie Här Bärg?«

»Ähm, ja, Berg, richtig. Und Sie?«

»Oh, ich bin Karla!«

Karla also. Definitiv eine Fünfzigerin. Allerdings sehr weit in den Fünfzigern. Eher noch ein bisschen weiter. Egal, ich bin schließlich auch nicht mehr der Jüngste. »Ich hatte Sie mir viel jüngär vorgestält!«, sagte sie prompt. Guter Einstieg, dachte ich.

»Wenigstens sind Sie ehrlich.«

Ein glockenhelles Lachen kam über ihre Lippen, und ich gestehe, es war richtig ansteckend. Karla war offenbar kein Kind von Traurigkeit. »Wollen wir einen Kaffee trinken gehen?«, schlug ich vor.

»Da weiß ich was Besseräs.« Sie hakte mich unter und zog mich Richtung Bahnhofsviertel. Es stellte sich heraus, dass Karla aus Ungarn kam, aber schon sehr lange in Deutschland läbtä. Sie hatte als Friseurin gearbeitet. Als Gesellschaftsdame (hätte ich nicht eine Mutter wie meine, würde ich denken, so was gibt es heute gar nicht mehr). Als Bedienung in einem Spezialitätenrestaurant, als Fußpflegerin, Kinderfrau, Garderobiere und in einer Einrichtung namens »Muschi-Paradies« (ich fragte lieber nicht nach). Sie sprach mindestens acht Sprachen fließend, vermutlich alle so schnell, dass man es als Mann gemütlich hatte. Man musste nämlich kaum etwas sagen.

Ihr Ausgehtipp erwies sich als ziemliche Spelunke, in der sie offenbar gut bekannt war. Was dazu führte, dass die zwei Cocktails, die sie für uns orderte, in Gefäßen serviert wurden, die an bayerische Maßkrüge erinnerten. »Und jätzt erzähl du mir mal ätwas von dir!«, forderte sie mich auf. Wir waren längst beim Du, keine Ahnung, wie das gekommen war.

»Tja, also im Vergleich dazu bin ich wohl ein bisschen langweilig«, sagte ich. »So einen Lebenslauf kann ich nicht vorweisen.«

»Dann bist du ein solidär Mann«, sagte sie. »Das gäfällt mir. Aber warum hast du keine Frau? Du bist doch so ein attraktivär Mann!«

»Ach, das ist eine lange Geschichte. Es gab da natürlich verschiedene Frauen ... Ich schätze, anfangs war ich zu jung für eine dauerhafte Beziehung. Und zuletzt war die Frau zu jung.«

»O ja, das ist oft ein Probläm. Jungä Mänschän wissen oft nicht, worauf es im Läbän ankommt. Abär was will man machen. Die Liebä kommt und nimmt keinä Rücksicht, ob das Altär passt.«

Eine kluge Frau, dachte ich, trotz des Cocktails, der mir in den Ohren zu sausen begann. »Und warum hast du keinen Mann?«

»Ich war viermal verheiratät«, erklärte Karla und blickte mir über den Rand ihres Maßkrugs tief in die Augen. »Da war Victor, ein sähr leidenschaftlichär Mann. Leider ein bisschän zu leidenschaftlich. Mit unsärä Nachbarin. Peter. Ein bravär Mann. Ist leidär über den Staubsaugär gefallän und hat sich das Gänick gebrochän. Der dritte Mann war ein Fehlär.« Ihr Blick verdüsterte sich. »Und dann ist Härbärt auch noch gestorben.«

»Das tut mir leid«, murmelte ich betroffen.

»Ja. War so ein gutär Hund.«

»Ein ... Hund?«

»Där Heinz hat ihn umgäbracht, ich weiß es ganz gänau!« In Karlas Gesicht bildeten sich leichte rote Flecken. »Abär ich habä ihm gäzeigt, was Rachä ist.« Und ich konnte hinter ihren dunklen Augen etwas flackern sehen, was ich lieber nicht so genau herausfinden wollte.

Als hätte jemand das Licht wieder angeknipst, lächelte sie mir plötzlich zu, hob ihren Humpen, um anzustoßen und erklärte: »Das Gutä daran ist, dass wir jetzt hier sitzen. Du und ich. Wir werden uns eine schöne Nacht machän.«

Ich blickte verstohlen auf die Uhr. Es war fünf Uhr am Nachmittag. Nacht? Vielleicht war das auch nur eine kleine sprachliche Ungenauigkeit. Ich meine, immerhin kam sie ja aus der Puszta.

War es aber nicht. Karla wusste genau, was sie wollte. Und sie wusste auch, wie sie es bekam.

Als ich am nächsten Morgen in der Royal Suite des Hotels Atlantic erwachte, fand ich neben zwei leeren Flaschen Dom Pérignon, im Zimmer verstreuten Rosenblüten (der prächtige Strauß aus der Vase war offensichtlich gnadenlos geköpft worden) und einem entzückenden, winzigen roten Spitzenslip in meiner Brieftasche nur zwei rote Kussmünder auf beiden Spitzen meines Hemdkragens vor. Man kann sich unschwer vorstellen, wie peinlich mir die Situation beim Check-out war. Zumal, als ich die Brieftasche öffnete. Immerhin hatte Karla nichts entwendet. Geld, Kreditkarten, alles noch da. Ich konnte zahlen und mich beschämt trollen. Das

Gute an solchen Hotels ist, dass immer Taxen vor dem Haus stehen. Schnell reingesprungen und ab nach Hause. Gerne hätte ich gewusst, was in den Stunden zwischen der Kneipe am Bahnhof und dem Erwachen im Atlantic genau vorgefallen war. Schon allein meiner körperlichen Verfassung wegen, die eine mehrwöchige Kur nahelegte. Aber leider kann ich mich nur daran erinnern, dass ich mich an absolut nichts mehr erinnern konnte. Ich schätze, Karla war einfach ein paar Nummern zu lebhaft für mich. Die kurze Bekanntschaft mit dieser lebenslustigen Mehrfachwitwe zeigte mir, dass auch Ende fünfzig noch sehr viel jünger sein kann als Mitte siebzig. Kein Wunder, dass mindestens zwei ihrer Männer ins Gras gebissen hatten. Da wollte ich nicht der dritte sein.

Renate war aus ganz anderem Holz geschnitzt. Mit ihr traf ich mich vorsichtshalber gleich in einem gediegenen Café am Jungfernstieg (und ich schwöre, der Name hatte bei der Auswahl der Örtlichkeit nichts zu bedeuten). Und auch das stellte ich gleich klar: »Eigentlich hatte ich gar nicht vor, mit einer Kontaktanzeige jemanden zu suchen. Meine Mutter hat sie für mich aufgegeben.«

»Ihre Mutter!« Falsches Stichwort. Wie hätte ich wissen können, dass Renate der sogenannte mütterliche Typ war. Aber so was von! Na ja, der Verdacht hätte mir kommen können, als sie beim Bestellen fragte: »Nicht lieber koffeinfrei?« Oder als sie mir statt des Zuckers das Schälchen mit dem Süßstoff über den Tisch schob, die Serviette entfaltete und mir auf den Schoß legte. Aber wer denkt schon so weit. Ich jedenfalls nicht. Mein Fehler.

Es war nett. Ganz ehrlich. Aber die Frau war absolut nicht mein Typ. Ein bisschen zu harmlos, ein bisschen zu onduliert. Meine Oma hätte ich mir so vorstellen können ... Und in dem Moment, in dem mir dieser Gedanke durch den Kopf schoss, ging mir auf, dass Renate tatsächlich meiner Großmutter wie aus dem Gesicht geschnitten war. »Achten Sie denn auf Ihr Gewicht?«, fragte sie.

»Na ja, ich steige schon ab und zu auf die Waage.« Natürlich war mir bewusst, dass sich allein dadurch am Gewicht nichts änderte. Man müsste schon sehr, sehr oft auf die Waage steigen, um allein dadurch abzunehmen.

»Ich mache Tai Chi«, sagte sie. Und das glaubte ich aufs Wort. Sie bewegte sich auch sonst erstaunlich langsam. Kein Reflex zum Beispiel Richtung Geldbörse, als es ans Zahlen ging. Ihre Jacke über der Stuhllehne starrte sie so lange unverwandt an, bis ich sie ihr um die Schultern legte. »Ach, ich schätze es, wenn ein Mann ein Kavalier ist.«

Draußen wehte eine leichte Brise. »Haben Sie denn keinen Schal dabei?«, wollte sie wissen und betrachtete mich ehrlich besorgt.

»Schal? Aber es ist Mitte August! Wer wird denn da einen Schal . . .«

Und dann sagte sie es, das Zauberwort, das vermaledeite: »Papperlapapp!« Und schlang mir ihr Halstuch um, sodass ich aussah wie ein Mitglied des Fähnleins Fieselschweif. *Papperlapapp!* Wie meine Mutter. Ich habe dieses Wort seit meiner Kindheit sicher Millionen Mal gehört. Und ich verbinde es mit einer Form von Mütterlichkeit, mit der ich seit meinem fünften oder sechsten Lebensjahr nicht mehr klarkomme.

Und jetzt also Renate. Ich stellte mir vor, wie ein Leben mit ihr aussehen würde. Morgens würde ich meine Kleider auf einem Stuhl neben dem Bett vorfinden. Zum Frühstück gäbe es Knäckebrot und Früchtequark (ohne Zucker) mit Lindenblütentee (weil er so gut für die Verdauung ist). Dann würde sie mich zum Einkaufen schicken (damit du rauskommst, Klausi, und ein bisschen Bewegung hast). Dann Blumengießen. Frühes Mittagessen (salzarm). Blutdruckmessen. Mittagschläfchen. Am Nachmittag gemeinsamer Ausflug (zum Friedhof, wo wir ihren ersten Mann ein wenig wässern würden). Glühbirne wechseln oder Toilette durchpumpen (»Es ist doch immer gut, wenn man einen Mann im Haus hat.«). Zu Abend ein wenig Reis an gedünstetem Fenchel, dann die Tagesschau gucken und zeitig ins Bett. Danach vermutlich keine weiteren Aktivitäten.

»Schnell, dann erreichen wir das Ausflugsboot noch!«, rief ich, als ich sah, dass die Gangway eines Touristendampfers gerade eingezogen wurde. Und sprang.

»Bisschen spät«, knurrte der Matrose, den ich versehentlich zu Fall gebracht hatte. Ich blickte zurück. Renate hatte es leider nicht geschafft. Kopfschüttelnd stand sie am Kai und hatte eine Hand halb erhoben.

»Gerade noch rechtzeitig!«, keuchte ich glücklich und half dem Matrosen auf. Er folgte meinem Blick. »Verstehe«, sagte er und klopfte mir auf die Schulter. »Erinnert mich an meine Oma, Ihre Frau. Da wär ich auch geflüchtet.«

Nein, Rosalia war kein weiteres Date. Sie war ein weiterer Besichtigungstermin in einem Seniorenstift, den meine Mutter für mich arrangiert hatte. Die »Villa Rosalia« lag nicht weit von Hamburg entfernt, um nicht zu sagen: mitten auf einer der schönsten Inseln, die unser Land zu bieten hat – auf Sylt nämlich.

Da ich immer gerne dort bin, war schon die Fahrt für mich ein Vergnügen. Ich hörte Beethoven und fuhr übers Land. Das Leben kann so schön sein! An der Küste entlang, dann noch rasch auf dem Zug über den Bismarckdamm, und schon ist man da. Die Sonne schien wie bestellt, ein leichter Wind wehte übers Meer, die Krabbenbrötchen lockten. Weiße Segel flatterten auf See, blondes Haar am Strand, Sylt, du hast mich wieder. Wieso war ich nicht als Erstes hierhergekommen?

Die Villa Rosalia lag »in bevorzugter Lage«, sprich: leider etwas weitab vom Strand, was auf Sylt ja was heißen will. Aber gut, der Empfang war freundlich, vielleicht etwas norddeutsch-unterkühlt. Die Zimmer waren sauber. So sauber, dass man sie auch als steril hätte bezeichnen können. Man hatte sich sogar schon eines für mich überlegt, was mich ehrlich gesagt stutzig machte (dachten die, ich würde gleich dableiben? Gab es womöglich irgendeine geheime Absprache mit meiner Mutter? War ich klammheimlich entmündigt worden?). »Setzen Sie sich doch einfach mal auf den Balkon und genießen Sie die Aussicht. Ich lasse Ihnen einen Tee bringen. Oder lieber Kaffee?«

»Kaffee«, sagte ich. Und zur Sicherheit: »Schwarz und stark.« Und dann setzte ich mich tatsächlich auf den Balkon und betrachtete die Aussicht.

Man kann sich ja auf Sylt hinsetzen, wo man will: Um eine gute Aussicht kommt man fast nicht herum. Überall Himmel und Meer und fröhliche Menschen. Bei jedem Wetter! Obwohl es ja auf Sylt fast immer schön ist, sagt man ... Jedenfalls saß ich da und sinnierte. Wieder einmal. Betrachtete mein Leben. Die Idee meiner Mutter mit den Kontaktanzeigen war schon richtig gewesen. Man sollte im Alter nicht allein sein. Der Austausch mit einem geliebten Mitmenschen ist viel wert. Er hält auch jung, davon bin ich überzeugt. Auch wenn es vielleicht manchmal Streit gibt. Gerade dann! So was spült bekanntlich die verkalkten Arterien durch. Man tritt sich gegenseitig in den Hintern. Und man hält sich gegenseitig fest. Wenn man allein ist, fehlt das Korrektiv – und es fehlt natürlich die Zuneigung. »Gibt es hier eigentlich auch Paare?«, fragte ich die Pflegekraft, die mir den Kaffee brachte.

»Offiziell oder inoffiziell?«, fragte die Pflegerin zurück.

»Ähm, beides.«

»Sowohl als auch.« Sie sagte das mit einem undeutbaren Lächeln.

»Können Sie mir das erklären?«

»Also, da gibt es ein Ehepaar aus Berlin, die Herrschaften von Obernitz, die leben schon sehr lange hier. Sind auch beide weit über neunzig. Und sonst ...« Sie trat etwas näher und flüsterte. »Der Herr Becker natürlich. Und der Herr Schweiger.« Sie räusperte sich. »Und der Herr Ziblinski. Und der Herr Zwack.«

»Aha«, sagte ich etwas ratlos. »Und die leben auch mit ihren Ehefrauen hier?«

»Mit ihren Ehefrauen?« Die Pflegerin lachte. »Ich glaube nicht, dass von denen mal einer verheiratet war. Nein, die sind zufrieden so.«

Falls ich also mit Mutters Kontaktanzeigen-Offensive nicht zu einer Frau kam, konnte ich doch darauf hoffen, in der Villa Rosalia wenigstens einen Mann zu finden. »Verstehe«, sagte ich. »Danke.«

Und kippte, nachdem sie gegangen war, den Kaffee unauffällig in den Blumentrog am Balkon, wobei ich nicht umhinkam, auf die Terrasse eines angrenzenden Hotels zu blicken, auf der sich eine junge Familie eingerichtet hatte. Die Frau hatte sich einen Sonnenschutz über die Augen gelegt und lag hingegossen wie eine Venus auf der Liege. Der Mann pulte zwischen seinen Zehen herum, die Kinder sauten sich mit Sandmatsche ein. Das Paradies auf Erden konnte so simpel sein!

Ein paar Minuten später war ich am Strand, um einen kleinen Spaziergang zu machen. Ich hatte die Schuhe und Socken ausgezogen, die Hosenbeine hochgerollt und spürte den feuchten, kühlen Sand zwischen meinen Zehen. Manchmal leckte das Meer nach mir, und ich spielte ernsthaft mit dem Gedanken, mangels Badekleidung rasch zum FKK-Strand zu wandern und ins Wasser zu springen, wie Gott mich geschaffen hatte. Aber dann – ich gebe es zu – kniff ich doch zunächst. Ich fürchtete, dass es mir ähnlich gehen würde wie in der Sauna. Ein alter Mann zwischen lauter alten

Männern, von denen manche noch ihre alten Frauen mitgebracht haben. Und alle zusammen würden wir sicher keinen erfreulichen Anblick abgeben.

Zu meiner Überraschung war ich inzwischen von ganz allein am Rand des Nacktbadestrands angekommen. Ich suchte mir eine kleine Düne, hinter der sich noch niemand niedergelassen hatte, und entledigte mich flugs meiner Textilien. Dann hüpfte ich verschämt zum Strand und hinein in die Nordsee – die erheblich kälter war, als ich angenommen hatte. Vielleicht war mein spontaner Schrei etwas hysterisch geraten; so genau weiß ich das gar nicht mehr. Nur, dass ich einiges Salzwasser schluckte und nach Luft japsend verzweifelt versuchte, nicht unterzugehen.

Dass die Strandwache wenige Sekunden später an mir zerrte, war jedenfalls nicht der Plan gewesen. Mit starken Armen und ohne Rücksicht auf meine Proteste hakten sie mich unter, transportierten sie mich an den Strand zurück und legten mich mit sanfter Gewalt in die stabile Seitenlage. »Ganz ruhig!«, sagte ein weiß gekleideter Mann mit der Statur eines Arnold Schwarzenegger. »Alles ist gut. Sie sind in Sicherheit. Bleiben Sie ganz ruhig liegen.«

Schon hatte sich eine ganze Schar von Nudisten um mich versammelt, die mich neugierig beäugte. »Mir geht es gut!«, protestierte ich. »Alles ist in bester Ordnung!«

»Das freut mich sehr zu hören«, sagte der Strandwächter. »Lassen Sie uns nur kurz Ihren Blutdruck messen, bevor Sie aufstehen. Nur zur Sicherheit.«

Der war natürlich jenseits von Gut und Böse. Bei der Aufregung. Bei der Schmach. Unter den Umständen! Immerhin konnte ich einen Ort nennen, an dem sie mich abliefern durften: Villa Rosalia.

Man empfing mich dort mit einer Mischung aus Erstaunen, Verstimmung und Mitleid. Und es schien auch der Altenheimleitung nicht ganz unpeinlich zu sein, dass ich – immerhin: der Ambulanz sei Dank! – nur ein Klinikleibchen trug. Man brachte mich in »mein« Zimmer und sorgte für eine kräftigende Mahlzeit (Grießbrei mit Apfelmus). Nachdem der Anstaltsarzt eine Unbedenklichkeitsbescheinigung erteilt und ein Pflegehelfer meine Kleider vom Strand geholt hatte (leider die falschen), durfte ich das Zimmer wieder verlassen. Ermattet von den Zumutungen dieses Tages setzte ich mich in die Cafeteria und bestellte mir einen Kaffee und etwas zu essen. Ein bisschen Normalität würde mir jetzt guttun. Und dann nichts wie zurück nach Hause.

»Sie sind neu hier, was?«, fragte ein freundlicher älterer Herr, der sich zu mir setzte.

»Nur zu Besuch. Nein, eigentlich zur Besichtigung.«

»Ah ja. Schön.« Er bestellte sich auch Kaffee, und zwinkerte mir zu: »Ich hab Sie unten am Strand gesehen. Sie waren nackt und mussten gerettet werden!«

Ich nehme an, noch nie hat ein potenzieller Kunde die Residenz schneller verlassen als ich. Und das mitten in der Nacht. Ich stieg aus dem Fenster, weil ich nicht diskutieren wollte und die Türen unten mit Sicherheit zugesperrt waren. Dabei stolperte ich über die Blumenrabatten und – verwirrt, wie ich war – auch noch in das offen stehende Schlafzimmer des sympathischen Paars im Hotel nebenan. Nach einer kurzen Debatte, die ganz klar an mich ging (weil ich diesmal der Angezogene war), hechtete ich auf den Residenzparkplatz und schnappte mir meinen Mietwagen, um der Erste zu sein, der wieder Festland unter den Füßen hatte. Vermutlich würde man in den nächsten Tagen Steckbriefe von mir plakatieren. Schließlich hatte ich mich jedem nur denkbaren Verdacht der Sittenwidrigkeit ausgesetzt. Ich sah schon die Schlagzeile der Inselpostille vor mir:

Greiser Lustmolch als Inselschreck
Wer hat den perversen Exhibitionisten von Sylt gesehen?

Ja, es war höchste Zeit, dass ich das Weite suchte und endlich wieder zurück in mein normales Leben fand, das doch eigentlich völlig in Ordnung war.

Ich musste meiner Mutter klarmachen, dass es so nicht weiterging. Ich konnte nicht ständig Seniorenheime besichtigen und Frauen treffen, von denen ich nichts wollte. Irgendwie hatte ich langsam das Gefühl, mit mir stimmte etwas nicht.

Das wollte ich ändern.

Als ich nach einer sensationell schnellen Fahrt zurück nach Hamburg kam, setzte ich mich deshalb an meinen Schreibtisch und begann, einen Brief an meine Mutter zu verfassen:

Liebe Mama,

~~es ist höchste Zeit, dass ich mit Dir mal ein deutliches Wort~~ Du meinst es gut mit mir, das weiß ich. Aber in letzter Zeit habe ich ~~dauernd~~ manchmal das Gefühl, dass ~~Du Dich viel zu sehr in mein Leben einmi~~ mir alles über den Kopf wächst. Deine Idee, mir ein Seniorenheim zu suchen, ~~ist der=maßen bescheuert~~ ist natürlich sehr nett! Aber wenn ich mir die ganzen ~~Blutsauger und Quacksalber~~ Einrichtungen ansehe, dann ~~müsste ich ja total bekloppt sein~~ drängt sich mir der Eindruck auf, dass das noch nicht das Richtige für mich ist.

~~Ein Mann braucht seine Freiheit.~~ Ich bin doch auch bisher gut zurechtgekommen. Und wenn ich in einem Heim bin, dann ~~werde ich bloß verblöden und~~ kann ich mich doch auch nicht mehr richtig um Dich kümmern! Das ist mir aber wichtig. Denn ~~Dich muss man dringend unter Kontrolle ha~~ Du bist doch der wichtigste Mensch für mich auf dieser Welt!

Deshalb ~~werde ich den Teufel tun, noch ein weiteres von diesen bescheuerten~~ möchte ich erst einmal keine weiteren solchen Besuche mehr machen. Bitte mach keine Termine mehr für mich aus, ja?

Danke, Dein ~~Klaus~~ Klausi

Nun musste ich ihn nur noch ins Reine schreiben. Was ich auch tat – um dann doch versehentlich die Entwurfsfassung einzutüten und abzuschicken.

Die Reaktion meiner Mutter ließ nicht lange auf sich warten. Sie rief mich am nächsten Tag an, noch vor dem Frühstück, und klärte mich auf: »Du hast es zwar nicht verdient, dass man sich so um dich kümmert, Klaus. Aber wenn du meinst, dass es dir lästig ist, eine gute Unterkunft für deinen Lebensabend zu finden, dann lass es nur bleiben. Wirst schon sehen, was du davon hast, wenn ich einmal nicht mehr bin.«

»Aber Mama . . .«

»Nein, nein, ich meine das ganz im Ernst. Ich muss mir die Mühe mit dir ja eigentlich auch nicht machen. Da fallen mir erfreulichere Freizeitbeschäftigungen ein, als für dich nach Seniorenheimen zu suchen und überall meine Kontakte spielen zu lassen, damit man dich überhaupt zur Kenntnis nimmt.«

»Also, jetzt übertreibst . . .«

»Ich werde darüber hinwegkommen, mein Junge.«

Nun packte mich doch ein wenig das schlechte Gewissen. Denn es stimmte ja schon: Sie hatte sich eine Menge Mühe gemacht. All diese Orte zu finden, überall Termine für mich zu machen, sich um alles zu kümmern . . . »Hör mal, Mama . . .«

»Nein«, fiel sie mir ins Wort. »Da gibt es nichts mehr zu sagen. Was vorbei ist, ist vorbei.«

Ich atmete innerlich auf. Auch wenn es ein bisschen hart gewesen war: Das Ergebnis stimmte. Nie wieder Seniorenheimbesichtigung!

»Nur das Haus Hafenblick«, sagte sie unvermittelt.

»Das was?«

»Das musst du noch angucken. Ist aber erst in zwei Wochen oder so. Ich gebe dir Bescheid.«

Moment!«, rief ich. Doch da hatte sie schon aufgelegt.

Dass meine Mutter mich um Rat fragt, kommt nicht sehr häufig vor. Umso gerührter war ich, als sie mich wenige Tage später anrief, um mich um mein fachmännisches Urteil in einer künstlerischen Frage zu bitten. Nun ist es nicht so, dass meine Mutter häufig künstlerische Fragen an mich gehabt oder überhaupt welche gestellt hätte. Also war ich neugierig und geschmeichelt zugleich und sagte sehr gerne zu.

»Mein Fahrer holt dich ab«, beschied sie und legte so schnell auf, dass ich sie gar nicht erst darauf aufmerksam machen konnte, dass sie doch gar keinen Fahrer habe. Zumindest nach meiner Kenntnis. Hatte sie aber doch. Er hieß Laszlo und war offenbar noch sehr jung. Insgeheim bezweifelte ich, dass er überhaupt schon einen Führerschein hatte. Laszlo erinnerte mich auf fatale Weise an Karla, wohl, weil er ebenfalls aus Ungarn stammte und denselben starken Akzent hatte. Vielleicht aber auch, weil er ebenso ungestüm war wie die Frau aus der Puszta. Zumindest, was seinen Fahrstil betraf. Meine Mutter schien bei Männern ein »Gemeingefährliches-Fahren-Gen« zu aktivieren. Mit Schaudern erinnerte ich mich an den Taxifahrer, der mich zum Hafen gebracht hatte.

»Und Sie stammen aus Ungarn?«, sagte ich, um ihn ein wenig aus seiner Kampfhaltung zu reißen.

»Budapäscht!«, rief er und drückte das Gaspedal durch.

»Wie schön. Eine schöne Stadt. Nette Menschen. Und so lebendig.« Anders als wir beide wahrscheinlich demnächst.

»Land der Magyaren!«, rief er und peitschte um die nächste Ecke, dass mein Ohr einen Abdruck auf der Seitenscheibe hinterließ.

»Sind . . . sind Sie schon lange der Fahrer meiner Mutter?«

»Fahrär?«, rief er und blickte sich zu mir um. Seine Augen funkelten gefährlich, die Ampel vor uns sprang auf Rot um. Ungerührt starrte er mich an und schoss nach vorne, während sein Blick nach hinten gerichtet war. »Die Ampel!«, rief ich.

»Wo?«, fragte er. Wir waren längst drüber.

Und dann waren wir da. Ich schlug innerlich drei Kreuze und schüttelte Laszlo die Hand. Dachte er zumindest. In Wirklichkeit zitterte ich nur so. »Ava ist gleich da drüben. Sie wartet schon auf Sie.«

»Ah ja, danke«, sagte ich und versuchte, meine Orientierung wiederzuerlangen. Ich lebte. Das war erst einmal das Wichtigste. Und meine Mutter lebte auch. Schön. Und sie wartete also hier auf mich bei einem . . . »Bildhauer – Graveur – Steinmetz«. Ach so, klar. Da standen sie ja auch schon in Reih und Glied, einer schöner und schauriger als der andere.

Grabsteine.

Es gab Grabsteine mit Rosenornamenten und solche mit Fußbällen, Exemplare mit sich küssenden Tauben und welche mit weinenden Teddybären. Keine Geschmacklosigkeit, die sich hier nicht fand. Am besten passte noch das Logo des FC St. Pauli. Die trugen wenigstens einen Totenkopf im Wappen.

»Da bist du ja endlich!«, rief meine Mutter, als wäre ich

mit dem Bummelzug angereist. »Also, mein Junge, du musst mir helfen. Ich suche ja hier gerade einen Grabstein aus. Und ich kann mich nicht entscheiden, ob es lieber . . .« Sie zerrte mich mit sich in die Werkstätte hinein, in der neben allerlei weiteren unsäglichen Denkmälern für Verstorbene auch noch diverse andere Kunstwerke herumstanden: von der sich lasziv auf einem Felsen räkelnden Nymphe über den Phallus in Orange bis hin zu Plastiken, die so dramatisch an ein Seeungeheuer erinnerten, dass es mir schwerfiel, meinen Lufthaushalt unter Kontrolle zu halten.

». . . ob es lieber der hier sein sollte . . .« Mama deutete auf einen Stein, der etwa die Form eines ägyptischen Obelisken hatte, ». . . oder dieser hier.« Sie zeigte auf eine melancholisch hingegossene junge Frau, die so traurig aussah, dass ich beinahe mit den Tränen kämpfen musste.

»Gott, Mama, was soll ich dir denn da raten? Willst du im Ernst deinen eigenen Grabstein aussuchen?«

»Wie? Meinen eigenen?«

»Na ja. Ich meine, deshalb sind wir doch hier, oder?«

Sie winkte ab. »Meinen hab ich doch schon vor Jahren reserviert.«

»Aha.«

»Wenn Sie schauen wollen, Herr Berg«, sagte der Steinmetz, der mich entfernt an Popeye erinnerte, vermutlich seiner starken Unterarme wegen. Er zog mich zu einem Winkel, in dem mehrere Objekte unter Tüchern verborgen standen. Große Objekte. »Voilà!« Und er riss eines der Tücher herunter und enthüllte eine Szene, so pornografisch, dass es mir kurzfristig den Atem verschlug. »Oh«, sagte er. »Das war die falsche Skulptur.« Und während ich noch nach meinem Blutdruck suchte, kroch er unter einige Tücher und meldete schließlich: »Hier ist sie!« Wieder die offenbar vielfach ein-geübte Handbewegung. Vor mir stand ein Monument, das auch als griechischer Tempel durchgegangen wäre. »Was ist das?«, fragte ich. »Das Orakel von Delphi?«

»Sie sind wirklich ein Kenner«, stellte der Steinmetz fest. »Davon wurde es inspiriert.«

»So«, sagte ich. »Und ich nehme an, dass unsere Familie durch den Erwerb auch etwa in die wirtschaftliche Situation von Griechenland kommen wird?« Die Frage galt meiner Mutter. Sie aber zuckte nur die Schultern. »Das hängt von dir ab, mein Lieber. Wir haben den Preis noch nicht ver-handelt.«

»Nicht verhandelt?«

»Wieso sollte ich? Das ist doch nicht mehr mein Problem, wenn ich dann sowieso tot bin.«

»Das heißt, du willst dir deinen Stein zwar selbst aussu-chen, aber zahlen sollen ihn andere?«

»Nicht andere. Die Hinterbliebenen.«

»Also ich.«

»In dem Fall: ja. Falls nicht noch andere Abkömmlinge auftauchen.« Wäre Mama ein Mann gewesen, hätte ich ihr das absolut zugetraut. Aber bei Frauen ist es ja eher unwahr-scheinlich, dass noch Kinder auftauchen, von denen sie nichts gewusst haben.

»Sehr witzig«, sagte ich. Aber einen Trost gab es: »Zu-mindest muss ich mir dann ja jetzt nichts mehr aussuchen.«

»Solltest du aber, Junge.«

»Wieso? Du hast doch schon einen griechischen Tempel für uns gewählt.«

»Was heißt da *für uns*?«

»Na, fürs Familiengrab.«

»Du glaubst doch nicht, dass ich mich mit dir in ein Grab lege?« Als hätte sie nie etwas Dümmeres gehört, verdrehte meine Mutter die Augen und schlenderte hinüber zu den etwas einfacheren Grabsteinen.

»Aber wieso? Wir sind doch Familie!«, insistierte ich. »Das ist doch ganz normal.«

»Papperlapapp. Sieht dich doch mal an, was du für ein Riese bist. Und ein bisschen übergewichtig bist du auch. Wer weiß, wie das in zehn Jahren ist. Nein, leg du dich nur schön in ein eigenes Grab. Das hat mir gerade noch gefehlt, dass mein schöner Sarg unter deinem Gewicht zusammenbricht. Schau her, ich hatte mir so was gedacht...« Und sie legte ihre Hand auf die trauernde Halbliegende. »Echter Marmor.«

»Da brauchen Sie die nächsten zwanzig Jahre nichts dran zu machen«, sprang ihr der Bildhauer bei.

»Sehr beruhigend«, beschied ich. Und an meine Mutter gewandt: »Und hast du auch schon eine Idee, wo er stehen soll? Das heißt: wo sie liegen soll, die Hingegossene?«

»Sicher, Junge. Ich habe schon eine für dich mitreserviert, als ich meine gekauft habe.«

»Deine was?«

»Grabstelle.«

»Ach.«

»Ja. Ich will mir ja nicht nachsagen lassen, ich hätte mich nicht um dich gekümmert.« Sie hakte mich unter. »Komm, ich zeige sie dir.«

»Meine oder deine?«

»Beide natürlich. Wir sind auch gar nicht weit voneinander entfernt.«

»Das beruhigt mich ungemein.«

»Ich weiß nicht, Klausi, manchmal hast du so einen Unterton . . . «

Ich wandte mich noch einmal zum Steinmetz um. »Könnten Sie der Dame vielleicht ein paar hübsche Dessous verpassen? Nackt ist irgendwie . . . «

»Kein Problem«, sagte der Experte für den sicheren Geschmack. »Lässt sich alles nacharbeiten. Ich muss ja auch noch die Inschrift reinmeißeln.«

Ich gebe es zu, ich gehe nicht oft auf den Friedhof. Es deprimiert mich. Die ganzen Toten. Die verwelkten Blumen. Die Hinterbliebenen mit ihren Gießkannen und Schäufelchen . . . Und dann die Inschriften auf all den Grabmonumenten:

Hier ruht Herr Tobias Meier,
Bürgerlicher Metzgermeister
14. Juni 1898 – 3. Mai 1981
und seine (noch lebende) Gattin

Eine erstaunliche Frau, seine Gattin. Und sparsam. Jede andere hätte den Grabstein durch einen neuen ersetzen lassen mit folgender Inschrift:

Er ist nicht von, sondern vor uns gegangen
Und das ist gut so.

Etwas weiter las ich:

In Gottes Hand befohlen
Frau Generaloberst Friederike Hötz
1904–1956

»Wusste gar nicht, dass es damals schon so hochrangige Frauen beim Militär gab«, sagte ich und deutete auf das Grabmal.

»Also, Kind, manchmal denke ich wirklich, du lebst hinter dem Mond«, entrüstete sich meine Mutter. »Sie war natürlich die Frau eines Generaloberst!«

»Aha. Und wo liegt der dann?«

»Meine Güte. Vermutlich in Flandern. Oder an der Krim.« Stimmt. So kann es natürlich auch gehen. Da denkst du noch über ein Familiengrab nach, und dann stirbt dein Mann ein paar Tausend Kilometer entfernt und wird irgendwo unter die Erde gepflügt. Ach, Sterben ist ein trauriges Geschäft. Wie glücklich waren da doch die Seelen, die hier ihre letzte Ruhestätte gefunden hatten, zwischen sorgfältig gekiesten Wegen, von alten Bäumen beschattet, mit Fürsorge umhegt ... Irgendwie konnte ich Mama verstehen, dass sie für die Zeit nach ihrem Ableben sorgen wollte. »Weißt du«, sagte ich, während ich sie am Arm durch die Grabreihen führte. »Eigentlich hast du schon recht. Lieber jetzt ein bisschen sentimental sein und dafür wissen, dass man später würdig begraben ist.«

»Sentimental? Wer? Ich?« Ich schwöre: Niemand kann eine Augenbraue so Ehrfurcht gebietend hochziehen wie meine Mutter.

»Na, mit der Suche nach der richtigen Grabstelle und dem Stein und ...«

»Pah. Hast du dir mal angesehen, wie die Preisentwicklung auf dem Sektor Entsorgungsimmobilien ist?«

»Entsorgungsimmobilien?«, stotterte ich. »Ehrlich gesagt, nein.«

»Dachte ich mir. Was du für Sentimentalität hältst, ist

nichts als kluge Vermögensverwaltung. Das ist wie mit dem Heizöl: Wenn du's kaufst, wenn du es gerade dringend brauchst, ziehen sie dich immer über den Tisch. Man muss antizyklisch investieren.«

»Verstehe.« Ja. So war Mama. Ein kühler Kopf, selbst wenn es um die letzten und um die allerletzten Dinge ging. Auf ihrem Grabstein würde wahrscheinlich einmal stehen:

Hier ruhen meine Gebeine –
ich wollt', es wären deine!
Adelgunde Berg

Bitte Vorsicht beim Nähertreten,
die Stiefmütterchen sind empfindlich!

Und dann standen wir da, an dem Ort, den meine Mutter für mich »reserviert« hatte. »Wie lange gilt sie eigentlich, deine Reservierung?«, fragte ich.

»Zwanzig Jahre.«

»Ah ja.« Irgendwie beruhigend.

»Das heißt, es sind jetzt noch vierzehn Jahre übrig.«

Irgendwie beunruhigend. Ich musste schlucken. Fühlte sich komisch an. Als hätte man einen Bausparvertrag abgeschlossen und wüsste, dass man ihn zu einem bestimmten Termin in Anspruch nehmen muss. »Bevor du jetzt zu rechnen anfängst«, sagte Mutter, die offenbar meine Gedanken gelesen hatte. »Du kannst die Option verlängern.«

»Ah ja.«

Ein schönes Fleckchen Erde. Wirklich. So ruhig und grün. Im Grab links daneben eine Dame, die sehr alt geworden war und nun schon sehr, sehr lange dort lag. Rechts ein gänzlich verblichenes Grabkreuz, unter dem eine Kerze flackerte. Umgeben von Haselhecken, beschattet von einem mächtigen Ahorn . . . Hier ließ es sich für die nächsten paar Hundert Jahre gut aushalten. Trotzdem hoffte ich heimlich, dass bis zum Anbruch dieser Phase meiner Geschichte noch einige Zeit vergehen würde. Immerhin hatte ich ja noch einige Kontaktanzeigen abzuarbeiten und auch noch ein paar Seniorenstifte zu besichtigen. »Sehr schön, Mama«, sagte ich. »Das hast du gut gemacht.« Und ich drückte ihr einen Kuss auf die Wange. Ich kann mich nicht erinnern, dass meine Mutter mich je erstaunter angesehen hätte als in diesem Moment.

Trotzdem musste ich mal ein wenig Abstand zu meiner lieben Mutter gewinnen. Es schien ja schon beinahe ihr Lebensinhalt geworden zu sein, in mein Leben hineinzuregieren und überall dazwischenzufunken. Zugegeben: Die Sache mit den Kontaktanzeigen war möglicherweise eine gute Idee gewesen, auch wenn ich bisher noch nicht die richtige Kandidatin gefunden hatte. Aber so, wie das jetzt lief, konnte es nicht weitergehen. Mir kam ja schon beinahe der freie Wille abhanden (Mutter hätte natürlich bestritten, dass ich je einen gehabt habe).

Ich beschloss also, mich ein wenig rar zu machen, und besorgte mir erst einmal ein neues Handy – wobei ich vergaß, meiner Mutter die neue Nummer mitzuteilen. Leider vergaß ich auch, meinen Anrufbeantworter zu Hause abzuschalten. Was zu einer nicht enden wollenden Menge an Aufzeichnungen führte, die nur dadurch unterbrochen wurde, dass die »Speicherkapazität voll« war.

Von:

»Junge, wo bist du? Ich mache mir Sorgen!«

Über:

»Klaus? Kannst du mich bitte mal anrufen?«

Und:

»Hallo? Gibt's dich noch? Dein Handy scheint den Geist aufgegeben zu haben.«

Bis hin zu:

»Wenn du mich jetzt nicht schnellstens anrufst, werde ich wohl mein Testament ändern müssen!«

Nachdem ich in letzter Zeit schon den Blick aufs Konto nicht mehr gewagt hatte (Mamas Geburtstagsfeier musste mich ruiniert haben), wollte ich das nicht auch noch riskieren. Also rief ich zurück.

»Da bist du ja! Willst du mich ins Grab bringen?«

»Aber nein, Mama . . . was ist denn so Dringendes?«

»Was so Dringendes ist? Ich sitze hier und verkümmere. Das ist. Und du bist nicht erreichbar. Wenn mich der Sensenmann geholt hätte, hättest du es nicht mal gemerkt!« Sie war wirklich empört, das hörte man deutlich.

»Aber Mama! Wenn er dich geholt hätte, dann hättest du mir doch sowieso nicht Bescheid geben können.«

»Ach. Und wieso?«

Es gibt Fragen, die sich selbst beantworten. Und es gibt meine Mutter. Die ist womöglich sogar in der Lage, den Rest der Welt von ihrem kürzlichen Ableben noch persönlich zu unterrichten. »Was meinst du denn mit ›Verkümmern‹?«, versuchte ich deshalb das Gespräch in eine andere Richtung zu lenken. »Du bist doch das blühende Leben selbst!«

»Nett, dass du das sagst. Aber du kennst meine Blutwerte nicht.«

Kannte ich nicht, richtig. Ich lauschte.

»Hast du eine Ahnung, in welchen absurden Dimensionen meine Harnsäurewerte unterwegs sind?« Sie wartete gar nicht erst auf eine Antwort. »Und die Fettwerte. Um Gottes willen! Und das mir. Es gibt keinen Menschen, der gesünder lebt.«

»Na ja«, wagte ich einzuwerfen. »Die Zigarillos . . .«

»Die hat mir Doktor Schwof ausdrücklich erlaubt!«

»Das war in Argentinien, Mama. Vor vierzig Jahren. Oder vor fünfzig.«

»Na und?«

»Und die Drinks am Vormittag?«

»Die sind gut für meinen Kreislauf. Du weißt doch, dass mein Blutdruck so schwach ist . . .«

»Aber zwei bis drei Martinis vor dem Mittagessen?«

»Du müsstest dich mal hören. Gebote und Verbote. Du hättest Beamter werden sollen. Dass es lebensverlängernd sein könnte, wenn einem mal jemand ein paar Medikamente aus der Apotheke holt, ist dir wohl noch nie in den Sinn gekommen.«

Also, das wollte ich mir nun wahrlich nicht nachsagen lassen. »Was brauchst du denn, Mama? Natürlich besorge ich dir alles, was ich in der Apotheke für dich bekommen kann.«

Ein Fehler. Denn sie hatte eine Liste, so lang wie die Speisekarte in einem Asia-Restaurant. Zum Glück brauchte man für die Sachen kein Rezept, und bei mir um die Ecke war eine relativ große Apotheke. »Ich bringe dir die Medis heute Abend vorbei, ja?«

»Wenn ich bis dahin noch am Leben bin . . .«

»Das bist du bestimmt, Mama. Du hast schon ganz andere Krisen durchgestanden.«

Also machte ich mich mit einem Einkaufskorb bewaffnet auf zum Apotheker meines Vertrauens. Es ist ja immer interessant, wie sich die Berufsbilder verändern. Früher war ein Apotheker ein kleinerer grauer Herr mit Brille, über die er einen kritisch beäugte, ob man auch berechtigt sei, seine wertvolle Medizin einzunehmen, und ob man nicht am Ende etwas ganz Unangemessenes mit den wertvollen Drogen vorhabe (wobei ich bis heute nicht verstehe, wozu man um alles in der Welt Hustensaft nehmen soll, wenn nicht gegen Husten; als Gleitmittel vielleicht?). Stimmt: Auch um Verhütungsmittel zu besorgen, ging man in die Apotheke. Das war zu den Zeiten, als man noch nicht in jedem Drogeriemarkt Sexspielzeug am Ständer fand. Am Warenständer, meine ich.

Der Apotheker meines Vertrauens war immer noch ein kleines graues Männchen. Allerdings war seine Apotheke so was wie ein Wellnesstempel geworden. Wenn man eintrat, strahlte und funkelte alles, und an jeder Ecke, in jedem Winkel blinkte einem Werbung entgegen.

»Herr Scheiter!«, rief ich beeindruckt.

»Herr ... Berg?«, fragte mich mein Apotheker zurück. Ich bemerkte sein Zögern genau.

»Geht es Ihnen gut?«

»Mir schon«, erwiderte Herr Scheiter und blickte mich über seine Brille streng an, als wäre ich ein Pennäler, der für zwei Euro Präservative kaufen wollte.

»Mir auch«, erklärte ich, leicht verunsichert.

»Auch der Blutdruck?«

»Wie?«

»Wir haben eine Aktion. Und ich finde, Sie sehen ein bisschen so aus, als wäre der Blutdruck nicht ganz im Rahmen.«

»Im Rahmen? In welchem Rahmen?«

»Setzen Sie sich doch mal, Herr Berg. Bitte, bitte.« Er nahm mich am Arm, als wäre ich schon völlig vergreist, und stützte mich auf dem Weg zum kaum zwei Schritte entfernten Stuhl. »Ja, so ist es gut. Das haben wir gleich.«

»Was haben wir gleich?«

»Krempeln Sie doch mal kurz den Ärmel hoch, ja?«

Nun bin ich weiß Gott kein Spielverderber. Und vielleicht hatte Herr Scheiter ja recht. Was konnte es schließlich schaden, sich mal den Blutdruck checken zu lassen! Genau genommen war ich sogar neugierig. Jedenfalls ein bisschen. Aber auch ein bisschen besorgt, als ich seine Miene verfolgte. Das Gerät pumpte noch. Ich pumpte auch. Kennt man ja: Regelmäßig beim Blutdruckmessen geht der Blutdruck durch die Decke.

Herr Scheiter schüttelte den Kopf. »Also, da müssen wir noch mal messen«, sagte er. »Das kann ja nicht stimmen.«

Er maß noch mal. Und noch mal. Nahm die Batterien aus dem Blutdruckmessgerät. Und maß noch einmal. Dann sah er mich an und schüttelte den Kopf. »Gut, dass Sie gekommen sind«, sagte er. »Und gut, dass ich gerade eine Lieferung Kardiotox bekommen habe.«

»Karidowas?«

»Eigentlich ist das rezeptpflichtig. Aber in Ihrem Fall wäre es ja glatt unterlassene Hilfeleistung, was?« Er lachte. Ich versuchte auch zu lachen. Klang aber mehr wie ein Schrei. Vielleicht, weil es einer war.

»Ein bisschen Blut abnehmen sollten wir aber angesichts dessen schon«, stellte er sachlich fest und zückte seine Waffen. Wie aus dem Nichts hielt er plötzlich spitzes Zeug und allerlei obskure Gerätschaften in den Händen.

»Blut abnehmen? Dürfen Sie das überhaupt? Ich meine, von wegen Arzt und so . . .«

»Ist nur ein Pieks in den Finger. Wir wollen mal ihren Blutzuckerwert bestimmen. Nicht, dass Sie uns hier noch vom Stuhl fallen, was?«

Wollten *wir* das? Oder wollte er das? Heute bin ich mir

nicht mehr sicher, was in dieser Apotheke an diesem verdammten Tag eigentlich genau vor sich ging. Nur so viel
kann ich einigermaßen zuverlässig rekonstruieren: Ich kam
als gesunder Mann und verließ den Laden als Wrack. Gerade,
dass ich ihm ausreden konnte, die Ambulanz zu rufen oder
wenigstens einen mobilen Pfleger, der mich im Rollstuhl
nach Hause geschoben hätte. Diagnose meines Apothekers:
Mein Blutdruck war völlig außer Kontrolle. Und erst der Blut-
zucker: ungeahnt hoch! Gravierender Eisenmangel. Und
Kalziummangel. Von Kaliummangel und hormonellen Stö-
rungen ganz zu schweigen (»Bei einem Mann in Ihrem Alter
ja kein Wunder.«). Das Perfide dabei ist, dass es funktioniert
wie ein Spiel, das ich als Kind mit der Nachbarstochter
immer gespielt habe:

»Boa, du hast aber schlechte Laune!«

»Wieso, ich hab doch keine schlechte Laune.«

»Klar doch. Du hast ja so was von mieser Laune.«

»Hab ich nicht.«

»Hast du doch! Ich seh' s doch.«

»Quatsch.«

»Wenn ich so miese Laune hätte, würd ich mir selber eine
reinhauen.«

»Also wirklich! Du kleiner Miesling, du nervst. Hau ab!«

Und schon war sie da, die schlechte Laune. Ganz ähnlich
der Apotheker. In einem Moment weißt du nicht mal, dass
du einen Ischiasnerv hast oder wo der sitzt, im nächsten
zwickt er dich schon wie Hölle. Am Ende verließ ich den
blöden Laden mit zwei prallvollen Tüten mit Medikamenten.
Die internationale Pharmaindustrie jedenfalls hatte für die
nächsten Jahre ausgesorgt. Ein Sack – wie geplant – für meine
Mutter: von Anti-Aging-Creme mit Mikrosilber über Globuli

für gesündere Haarspitzen und gegen leichten Schlaf bis hin zu einem Milchbad nach Kleopatra und Honigbalsam für weiche Lippen (und süße Küsse, wie auf der Verpackung zu lesen war). Des Weiteren Straffungscreme für das Dekolleté, eine Pflege aus acht Pflanzenmilchsorten, die sich »Crème Fraîche de Beauté« nannte, eine Wassermelonen-Gesichtsmaske und Schwarzkümmelöl für ungefähr alles andere. Dann noch hochreiner Alkohol, Sonnenöl... Zu den Valiumdragees bemerkte Herr Scheiter: »Da müssten Sie mir bitte gelegentlich noch ein Rezept von Ihrer Frau Mutter vorbeibringen, Herr Berg. Nicht wie letztes Mal...«

Meine Ausbeute sah im Vergleich direkt trostlos aus. Was machte meine Mutter richtiger als ich? Denn mir hatte der Herr Scheiter einen Haufen Zeug eingepackt, der mit Fug und Recht als Scheiterhaufen bezeichnet werden konnte: von der Hämorrhoidensalbe und Sägepalmenfrüchteextrakt über einen Tee »für mehr seelische Ausgeglichenheit« und bis hin zu Pillen, die den »männlichen Hormonhaushalt stabilisieren« sollten.

Wie jeder normale Mann habe ich in meinem Leben nie über Hormone nachgedacht. Es genügt, dass man weiß, dass es sie gibt. Gestört sind Leute, die zu viel darüber reden. Oder die gar glauben, die Hormone wären gestört. Aber wenn man so einen Floh erst einmal einem ganz normalen Mann ins Ohr setzt – ich meine, einem eher schlichten Charakter, der nichts Böses im Schilde führt, der am liebsten Ruhe haben und im Übrigen den lieben Gott einen guten Mann sein lassen möchte – kurz, wenn man *mir* einen derartigen Floh ins Ohr setzt, dann ist es ja klar, dass der Hormonhaushalt sich meldet. So wie der Ischiasnerv. Oder Schlafstörungen.

Zunächst brauchte jedoch natürlich meine Mutter ihre

Mittelchen. Ich beeilte mich also, die Sachen bei ihr abzuliefern. Was nicht einfach war, weil mir – obwohl sie ja, wenn sie in Hamburg ist, nicht weit weg wohnt – bis zu ihrer Haustür die Arme beinahe abfielen vom Gewicht der Taschen. »Hier bin ich«, flüsterte ich mit letzter Kraft, ehe ich auf ihr Chippendale-Sofa sank.

»Pass doch auf, Junge! Du wirfst dich auf dieses sündteure Sofa, als wäre es ein Sitzsack von Ikea.«

»Und du hattest Angst, dass es bald so aussehen könnte?«

»Würde ich bei dir nicht ausschließen.«

Für den Moment fühlte ich mich eher wie ein Sitzsack von Ikea. »Na gut, Mama. Ich habe dir deine Medikamente gebracht.« Ich hielt ihre Tüte hoch.

»Und was ist da drin?«, fragte sie, während sie auf die andere Tüte deutete.

»Das ist für mich.«

Entsetzt schlug sie die Hände vors Gesicht. »Ich habe es ja geahnt. Aber dass es so schlimm um dich steht, das trifft mich sehr.«

»Mama, mir geht's gut. Bis auf den Ischias. Und das Vitamin D.«

»Papperlapapp. Zeig mir sofort, was sonst noch in deiner Tüte ist.«

Keine Spur mehr von allgemeiner Schwäche oder gar Hinfälligkeit. Meine Mutter lief zur Hochform auf. Begeistert studierte sie Beipackzettel und Informationen: »›Verstopfung im Alter scheint mit zu wenig Bewegung in Zusammenhang zu stehen.‹ Was ich dir immer sage, Spatz!« Gleich darauf: »Klausi, was um Gottes willen ist Sägepalmenfrüchteextrakt?«

»Das ist für – ich meine, gegen Probleme beim Wasser-las... also, man nennt das Miktionsstörung.«

»Klausi! Heißt das, du kannst nicht richtig pissen? Gott, ist das peinlich! Von mir hast du das jedenfalls nicht!«

Plötzlich jedoch wandte sie sich mit einem fast zärtlichen Blick zu mir um. »Dass du mir die Sachen aber auch ja nimmst, Junge! Ich will doch noch möglichst lange was von dir haben.«

Mir war auch klar, was. Und ich war dagegen. Es war ja deutlich genug geworden, wohin es führte, wenn ich mich von ihr vor den Karren spannen ließ. »Ich muss jetzt weiter, Mama«, sagte ich. »Meine Bandscheiben pflegen.«

»Ja, Junge, tu das. Sie klopfte mir auf die Schulter, in der es plötzlich auch irgendwie zwickte. Hastig verließ ich ihre Wohnung und machte mich auf den Weg nach Hause. Abstand nehmen, dachte ich. Das war's, was ich gewollt hatte. Bisher hatte das nicht geklappt. Aber vielleicht musste ich einfach professionelle Hilfe in Anspruch nehmen? Ja, das war ein guter Plan. Frischen Mutes zückte ich mein neues Handy und wählte die Nummer, die professionelle Hilfe versprach: Hubi Tausend. Alter Kumpel und professioneller Türsteher. Fragen Sie nicht, wo, das möchten Sie gar nicht wissen. Aber so viel kann ich sagen: Auf Hubi ist Verlass.

Der Profi von der Reeperbahn

»Was du brauchst, Kumpel, ist ein bisschen Abwechslung«, stellte Hubi wenig später fest, als wir bei einem Bier beisammensaßen. »Und zwar hier«, er deutete auch meinen Kopf. »Und hier.« Er deutete noch woandershin.

»Klingt sinnvoll«, stimmte ich zu und orderte noch ein Bier. Hubi hatte Lösungen. Immer. Das gefiel mir. Und seine Ansagen waren klar. Oder doch nicht? »Du meinst, ich sollte mir eine neue Frisur machen? Und andere Hosen tragen?«

»Oh Mann, sei bloß froh, wenn bei dir nicht schon alles zu spät ist, Kurt.«

»Klaus.«

»Klaus.« Er schüttelte den Kopf. »Pass auf, ich mach dir'n Plan. Aber vorher solltest du vielleicht wirklich mal deinen Look ein bisschen aufpeppen. Du kommst ja daher wie Graf Humperdinck der Dreiunddreißigste.«

Das war vermutlich nicht als Kompliment gemeint. Aber ich verstand es. Irgendwie. »Was würdest du mir denn empfehlen?« Ich musterte Hubi, der mit Muskelshirt und einer reichlich jugendlichen Jogginghose dasaß.

»Sicher nicht das Outfit, das ich trage, Mann. Ohne Muckis kein Muckishirt, klar?«

»Klar. Sondern? Was empfiehlst du?«

Man muss wissen, Hubi ist das, was man gemeinhin einen Womanizer nennt. Er reißt immer die schärfsten Weiber auf. War schon in der Schule so. Das hatte ihn zwar auf der Karriereleiter nicht weit gebracht, aber der Spaß war bei ihm sicher nicht auf der Strecke geblieben. Und irgendwie war es ja auch bezeichnend, dass ich nun bei ihm sozusagen auf dem Schoß saß und um Rat fragte. »Bei dir«, sagte er, »sollte es was Sportliches sein. Aber mehr so seglermäßig.«

Ich hätte mir mich mit Baggy Pants auch nicht so gut vorstellen können.

»Bisschen mehr Farbe, blass bist du schon von allein«, dozierte er weiter. »Und bitte nicht diese ollen Ledertreter. Frauen stehen auf Typen mit federndem Gang. Paar coole Sneakers.«

»Ich glaub, ich hab noch . . .« Er gebot mir mit seiner tätowierten Rechten Einhalt. »Bitte nichts Altes. Das erkennen die Weiber sofort. Wird nur peinlich. Kauf dir was Neues, klar?«

»Klar.«

»Ich mach dir einen Termin bei meinem Stylisten.«

Okay, an der Stelle, das muss ich zugeben, war ich auch ein bisschen erstaunt. Um nicht zu sagen: baff. Dass Hubi einen eigenen Stylisten beschäftigte, damit hatte ich irgendwie nicht gerechnet. »Ja, gerne«, sagte ich und ließ mir die Adresse geben.

»Und dann musst du dich mal ein bisschen schlau machen, was abgeht.«

»Wie? Abgeht? Wo?«

»In der Szene, Mann! Bei den Weibern! Was angesagt ist. Clubs, Trends, Gadgets.«

Ich sah ein, dass ich einiges nachzuholen hatte. Aber

mit Hubi als Navigator war mir nicht bange. Also suchte ich am nächsten Tag gleich morgens den Laden auf, in dem ich mich einkleiden sollte. *Wrrrroooom*. War schon mal ein vielversprechender Name. Allerdings erst ab Nachmittag geöffnet. 17 Uhr. Okay, wenn man derart angesagt war, war das vermutlich Masche. Langsam lernte ich.

Als ich später wiederkam, öffnete mir ein Typ, von dem ich zuerst dachte, es wäre Hubi nach einer durchzechten Nacht. War er aber nicht. Sondern Ella. »Wen haben wir denn da?«, fragte sie mit verschlafener Stimme.

»Ich komme von Hubi.«

»Von Hubi … oh là là! Und was willst du von mir, Süßer?«

Nachdem ich den Fluchtreflex überwunden hatte, erklärte ich, dass es um einen neuen Look für mich ginge, mit dem ich meine (und dann sagte ich, was mir schon die ganze Zeit im Kopf herumging, ohne dass ich es hätte benennen können) – mit dem ich meine *Altersdepression* überwinden könnte.

»Ach, Schnucki«, sagte Ella und drückte mich ganz fest. »Schön, dass du da zu mir kommst. Wir machen jetzt einfach einen ganz neuen Menschen aus dir! Komm rein und zieh dich erst mal aus.«

Lassen Sie mich an der Stelle einige Begebenheiten überspringen. Ella entpuppte sich jedenfalls als ganz wundervoller Mensch. Mit Einfühlungsvermögen und Sinn für Kombinationen staffierte sie mich aus, dass ich mich zunächst im Spiegel selber nicht erkannte. Das Rüschenhemd war grenzwertig, das gebe ich zu. Ich weiß auch gar nicht, ob die Thomas-Gottschalk-Anmutung beabsichtigt war. Aber die Lederjeans war genial. Dazu Sneakers in Kroko-Optik. Armbänder aus Tunesien, eine lang geschnittene Weste, die plötzlich für Taille sorgte, wo vorher gar keine Taille war. Dann natürlich noch die Buttons, die wie Fantasieorden an der Brust glitzerten. Mein Haar wurde mir von Ella höchstpersönlich mit Hilfe von Gel verstrubbelt.

»Hach, Schatzi«, seufzte Ella. »Wenn ich dich so ansehe, könnte ich glatt schwach werden.«

Okay, schwach wurde ich im ersten Moment selbst. Für einen Mann, dessen modische Wagnisse sich in den zurückliegenden Jahrzehnten auf die Farbwahl seiner Krawatte beschränkt hatten, waren die Experimente meiner neuen Freundin schon mehr als mutig. Aber sie hatten auch was, fand ich, nachdem ich mich lange genug angestarrt hatte und mir mein Name wieder eingefallen war. »Und du denkst, *das* gefällt den Frauen von heute?«

»Wer sollte das besser wissen als ich?«, fragte Ella zurück. Das beantwortete ich lieber nicht. »Vielleicht, wenn man das Hemd mit diesem Rüschenkragen weglässt?«, schlug ich zaghaft vor.

Ella guckte ein bisschen beleidigt, warf dann aber die Hände in die Luft und entschied: »Bitte. Wenn's sein muss. Dann machen wir dieses Detail ein bisschen traditioneller.« Mit dem Ergebnis, dass ich ein kariertes Holzfällerhemd verpasst bekam. War aber gar nicht schlecht, fand ich. Ein bisschen hatte der Look jetzt was von Biker-Optik. Mit den ledernen Hosen und den wilden Haaren . . .

Als ich wieder vor den Laden trat, hatte ich das Gefühl, alle Welt würde mich anstarren. So ähnlich müssen sich junge Frauen fühlen, wenn sie abends auf die Piste gehen und sich dafür so richtig aufbrezeln. Da gucken auch immer alle hinterher. Das weiß ich so genau, weil . . . egal.

Auf meinen Sneakers schwebend schneite ich bei Hubi rein und stellte mich ihm in meiner neuen Rolle vor. »Und?«

»Yo, Mann. Damit könnte es klappen«, sagte er nur. »Dann machen wir heute Abend gleich mal einen Test. Komm im Club vorbei. Ich lass dich auch rein.« Er grinste.

»Klar. Super. Danke.«

Ich kann jedem Mann nur empfehlen, mal verkleidet auf die Piste zu gehen. Also so wie ich an jenem Abend, meine ich. Da war ich ja kaum wiederzuerkennen. Ein ganz anderer Mensch. In jeder Hinsicht. Erst jetzt wurde mir klar, wie wenig die ganzen heißen Feger, die da durch die Nacht schwirren, mit den Frauen gemein haben, die hinter all dem Fummel und Make-up stecken! Alles falscher Zauber. Am nächsten Morgen bei grellem Tageslicht neben einem dieser Geschöpfe aufzuwachen dürfte zu einem lähmenden Schock führen. Allein die Oberweiten! Die nehmen an einem normalen Freitag- oder Samstagabend um mindestens drei Körbchengrößen zu! Einfach so.

Aber gut, ich will nicht leugnen, dass ich selbst es nicht anders gemacht hatte, als ich vor Hubis »Club« stand und zugegebenermaßen ein bisschen nervös durch die Luke guckte. »Ay«, sagte er und drehte sich zu seinen Kumpels um. »Kenn ich, die Fresse. Den könnt ihr reinlassen. Aber passt ein bisschen auf ihn auf, damit er mir hier nicht unter die Räder kommt.«

Und dann war ich drin.

Dieses Buch heißt *Jung sterben ist auch keine Lösung*. Eigentlich ist das auch meine Überzeugung, ganz ehrlich. Aber als ich hörte, was da drin los war, da war ich nicht mehr so sicher. Ungefähr eine Million dampfender Körper hüpften eng auf eng in einer Halle, die gefühlt so groß war, dass die Elbphilharmonie dort locker dreimal reingepasst hätte. Hüpften? Hüpften. Sie selbst hätten es vermutlich Tanzen genannt. Aber ein Tanz war bei dieser Form der Käfighaltung gar nicht möglich. Man trat sich buchstäblich mit jedem Schritt auf die Füße. Dazu wummerte ein penetranter Bass, den man bis in den Schließmuskel spüren konnte. Die Vorhölle musste so ähnlich sein.

Ich versuchte, mich zur Bar durchzufragen, denn das unablässige Flackern der Stroboskope ließ eine vernünftige Orientierung ja nicht zu.

Es dauerte eine Weile, bis ich begriff, dass ich meine Stimme nicht verloren hatte, sondern sie nur selbst nicht hörte bei dem irrwitzigen Krach. Immerhin erklärte das, weshalb mich alle, an die ich mich wandte, anguckten, als wäre ich ein Teletubby.

Am Ende fand ich die Bar doch und orderte ein Bier. Freilich schien mich auch der Barmann nicht zu hören, sodass wenig später ein pinkes Getränk in einer Art Laborröhrchen vor mir stand, mit einer geheimnisvoll qualmenden Olive obendrauf. Allerdings hatte der Qualm nichts damit zu tun, dass das Ding heiß gewesen wäre, sondern dass es offenbar bis gerade eben in Trockeneis gebadet hatte. Mit der Folge, dass es nun an meinen Lippen klebte. Hastig versuchte ich, es mit meinen warmen Fingern wegzuschmelzen, was aber nur dazu führte, dass auch noch meine Fingerspitzen an dem Ding haften blieben. Panisch starrte ich den Bartender an, der mir zuzwinkerte und auf das Glas deutete. Also versuchte ich, das Röhrchen irgendwie zwischen meinen Fingern durch und an der Olive vorbei in meinen Mund zu kippen. Was schließlich auch gelang: Etwa ein Drittel landete, wo es landen sollte, der Rest breitete sich pink schillernd über meinem Hemd aus. Zum Glück! Denn das eine Drittel ätzte nicht nur die Olive von meinen Lippen, sondern gefühlt auch meine Speiseröhre weg.

Zitternd hielt ich mich am Tresen fest, vom Lärm benommen, von der sich ständig auf und ab bewegenden Masse vor mir beinahe hypnotisiert, von meinem Cocktail ums Haar in die ewigen Jagdgründe geschickt. Hubi, dachte ich, das kann nicht dein Ernst sein! Ich blickte an mir herab: Kleider wie ein Vollidiot. Plötzlich schämte ich mich. Ich war doch keine zwanzig mehr! Und offensichtlich war ich nicht für diese Art von Ort und Unterhaltung geschaffen, schon gar nicht um diese Zeit. Ergo: Ich musste hier weg. Während die Stroboskope weiterhin das Licht und die Bässe meine geschundene Seele zerhackten, versuchte ich mich wieder zu orientieren, nur diesmal in umgekehrter Richtung. Und obwohl ich schwöre, dass Orientierung absolut mein Ding ist, stand ich abermals wie ein Schwachsinniger da und stierte vor mich hin.

Doch dann passierte etwas, was man sonst nur aus dem Film kennt. Auf einmal schien alles ganz leicht. Ja, von einem Moment auf den anderen war nichts Fieses mehr an diesem Ort, denn es geschah ein Wunder: Ein Engel schwebte vorüber! Nein, nicht vorüber, er hielt sogar an! Das heißt: Sie hielt an. Denn es war ein sehr weiblicher Engel.

Eine Minute später war ich draußen.

Und neben mir ein zauberhaftes, zierliches Mädchenwesen, das sprach: »Alles in Ordnung? Das ist nicht der richtige Ort für Sie.«

Aus dem Augenwinkel konnte ich Hubi sehen, der mit einem Kumpel in der Nähe stand und eine Kippe rauchte. Die Verblüffung war ihm ins Gesicht geschrieben, aber vielleicht auch Genugtuung. Er musste ja denken, seine guten Ratschläge hätten bei mir unmittelbar zu einem Volltreffer geführt.

»Okay«, zwitscherte meine Retterin. »Wie heißt du?«

»Klaus«, sagte ich in einem Anfall von Redseligkeit.

»Schöner Name. Klaus. Mag ich. Ist ein Name für kluge Männer.«

»Danke«, erwiderte ich geschmeichelt und dankbar, dass meine Ohren wieder halbwegs funktionierten, auch wenn mir langsam bewusst wurde, dass das Flöten und Zwitschern ein Hintergrundgeräusch war. Egal: Wer so eine Frau abschleppte, hatte kein Recht, sich zu beschweren. »Und du?«

»Chanel.«

»Chanel! Hab ich schon mal gehört.«

Sie kicherte, und ich schwöre, es war das lieblichste Kichern, das ich je gehört hatte. Ihre blonden Haarspitzen wippten. »Du warst das erste Mal da drin, stimmt's?«

»War nicht schwer zu erraten, vermute ich«, sagte ich und lachte unsicher und zugleich befreit.

»Nein!«, stimmte sie zu und lachte mit. »Komm, wir setzen uns da drüben hin, und du erzählst mir was.«

»Im Ernst? Ich meine, ich möchte dich nicht langweilen oder so.«

»Oh, überhaupt nicht! Ich musste da raus. Der Lärm und diese ganzen jungen Leute.« Sie lachte. »Im Ernst, die fühlen sich alle wie Superman und benehmen sich wie Käpt'n Doof.«

Wir setzten uns mit dem Rücken an einen Laternenmast und blickten auf die nächtlichen Hafenanlagen. Auf Tausende

Lichter, die blinkten, auf einen sichelförmigen Halbmond wie aus einem orientalischen Märchen, auf ein paar Dealer, die sich lautstark um etwas stritten und mit dem Messer bedrohten. »Vielleicht sollten wir doch . . .«

»Schschsch . . .«, machte sie und legte mir ihren zierlichen Finger auf die Lippen (was ich leider nicht spürte, weil sie immer noch von der vereisten Olive betäubt waren). »Wir bleiben einfach ganz leise und bewegen uns nicht. Dann bemerken sie uns gar nicht.«

»Okay«, stimmte ich zu und legte zögernd meinen Arm um sie. »Chanel?«

»Hm?«

»Wie alt bist du eigentlich?«

»Zwanzig. Und du?«

»Na ja. Hm. Bisschen älter.«

»Dachte ich mir schon. Bestimmt hast du ein ganz aufregendes Leben. Nicht so wie ich.«

»Wieso, was machst du denn?«

»Ach, ich bin Verkäuferin bei Netto. Vielleicht studier ich noch.«

»Das solltest du unbedingt.« Was sollte ich denn sonst sagen?

»Warst du schon mal in Amerika?«

»Sicher. Schon öfter«, sagte ich.

»Ich hoffe, ich komm auch mal hin. Bisher reicht mein Geld nur für Dänemark.«

»Ach, Dänemark kann aber auch ganz schön sein«, sagte ich voller Überzeugung. »Und bevor du nach Amerika fliegst, flieg lieber nach Japan. Das ist aufregend und geheimnisvoll. Oder China.«

»Sag bloß, da warst du auch schon überall.«

»Ähm, ja, klar.«

»Sag ich doch, du hast ein aufregendes Leben.« So betrachtet . . . Sicher, das Alter hatte den Vorteil, dass man schon einiges erlebt hatte. Das lag in der Natur der Sache. Aber dass ich plötzlich mit meiner Vergangenheit punkten konnte, dass mich meine Reife (Mama hätte gesagt: Überreife) mit einem Mal zum attraktiven Mann machte, das war ein ganz neues Gefühl. Ein gutes! »Würdest du denn mitkommen, wenn ich dich nach China einlade?«, fragte ich, ohne zu überlegen.

Die Dealer hatten ihr Problem gelöst und gaben Fersengeld (bis auf einen, der auf dem Boden lag und komisch herumröchelte), von fern war ein Martinshorn zu hören, ganz in der Nähe fütterte jemand die Fische mit seinem Abendessen – und ich bemerkte, dass ich die ganze Zeit den Laternenmast umarmt hatte. Aber ihr Lachen, das war wirklich schön. Ich hätte darin versinken mögen. Weshalb ich auch nicht wirklich gehört hatte, was sie geantwortet hatte. »Bitte?«, fragte ich nach.

»Du bist auch noch richtig lustig«, wiederholte sie. »Okay, ich muss jetzt zurück.« Und sprang auf. »War nett mit dir, Klaus!« Mit der Eleganz einer Märchenfee tanzte sie über die Hafenanlagen und winkte mir noch einmal zu. »Du bist super, weißt du das? Du erinnerst mich voll an meinen Opa. Der war auch so toll.« Und dann war sie plötzlich weg. Verschwunden wie ein süßer Traum. Der sie ja auch gewesen war.

Und ich Hornochse riss mir die Weste mit den Fantasieorden vom Leib und stopfte sie in die nächste Mülltonne und trottete davon in der Hoffnung, dass mich niemand sah, der mich hätte erkennen können.

Aber in meinem neuen »Look« hätte mich ohnehin niemand erkannt. Und das war auch gut so. Denn spätestens nach dieser überirdischen Begegnung erkannte ich, dass ich mich zum kompletten Idioten gemacht hatte. Chanel! Zwanzig Jahre! Schleppt mich ab aus einem Technoclub und verbringt einen romantischen Abend mit mir, um ... ja, was? Den Rest ihres langen, langen Lebens mit mir zu verbringen? Verglichen mit dem Alter meiner Mutter war sie praktisch noch im Zustand eines Säuglings.

Hör auf zu träumen, Klaus, befal ich mir. Du wirst nicht jünger durch eine viel zu junge Frau. Die wird höchstens älter mit dir. Und du wirst auch nicht jünger, weil du dir Strähnchen ins Haar schmierst oder Kroko-Sneakers trägst. Vielleicht funktionierte so etwas bei meiner Mutter. Bei mir funktionierte es offensichtlich nicht.

Vielleicht war das Geheimnis des Glücks im Alter, dass man es nicht zu hoch hängte. Sondern einfach genoss, was zu genießen war. Dass die Lichter im nächtlichen Hafen immer noch so schön waren wie früher und dass das Herz gelegentlich noch immer höher schlagen konnte.

Für ganz zuletzt hatte ich mir – beziehungsweise hatte meine Mutter – noch eine Seniorenresidenz in der Hansestadt aufgehoben: das »Haus Hafenblick«. Die Besichtigung sollte an einem Montag stattfinden. An demselben Tag hatte ich ein Date mit einer weiteren hoffnungsvollen Junggesellin: Evi.

Evi wollte sich mit mir in der Cafeteria der Universitätsbibliothek treffen, was ich zunächst gut fand, sprach es doch für eine bildungsaffine und kultivierte Frau.

Nun ist die Hamburger Uni leider nicht das altehrwürdige Bauwerk, in dem sich Stuck und Blattgold über Marmorbüsten erheben. Sie ist eher ziemlich, sagen wir, profan. Und vor allem sehr, sehr unübersichtlich. Als ich die Unibibliothek gefunden hatte, hatte Evi gerade ihr Zeug gepackt, um wieder zu gehen. Und wenn ich Zeug sage, meine ich Zeug. Putzzeug, genau genommen. Einen ganzen Wagen voll. Ich hätte sie, wenn ich ehrlich bin, gar nicht wirklich wahrgenommen, hätte sie nicht unzweifelhaft unser verabredetes Erkennungsmerkmal getragen: blau-weiß kariertes Kopftuch. Ich meine, wie viele Frauen tragen schon ein blau-weiß kariertes Kopftuch? Sie werden jetzt fragen: Und wie viele Putzfrauen? Diese jedenfalls tat es. Weshalb ich sie auch erkannte und mich ihr – unter vielmaliger Entschuldigung – vorstellte.

»Ich dachte, Sie wollten mich einfach nicht ansprechen«, erklärte sie nüchtern. »Das passiert öfter, wenn die Herren sehen, was ich mache. Dann sitzen sie irgendwo und gucken und entscheiden sich schnell dagegen.«

»Ach, das kann ich mir aber gar nicht vorstellen«, log ich.

»Doch, doch. Und das ist auch ganz in Ordnung. Wissen Sie, deshalb bringe ich meinen Putzwagen immer gleich mit. Die Männer sollen wissen, mit wem sie es zu tun haben. Es ist ja nicht jedermanns Sache, sich mit einer Putzfrau zu verabreden.«

»Tja. Gut. Also, mir macht das nichts aus«, log ich weiter und überlegte, wie ich aus der Nummer rauskam.

»Tut es wahrscheinlich doch«, sagte sie. »Aber ich finde es sympathisch, dass Sie versuchen, darüber hinwegzusehen.«

Na ja, zunächst sah ich mal darüber hinweg, dass sie es ja in der Antwort auf meine Kontaktanzeige hätte erwähnen können. Oder als wir uns dann verabredeten. Aber gut. Nun war es, wie es war. »Das Problem ist, dass ich mit der Sucherei hier so viel Zeit vertrödelt habe, dass es jetzt ganz knapp wird.«

»Haben Sie noch ein anderes Date?« Sie zeigte beim Lachen schöne Zähne.

»Nein. Das heißt doch. Aber mit einer Wohnung.«

»Sie suchen eine Wohnung? In Hamburg? *Müssen* Sie ausziehen?«

»Nein. Eigentlich ist es ein Seniorenheim.«

Das schien sie irgendwie zu interessieren. Ihr Blick war seltsam tiefgründig.

»Jetzt wüsste ich gerne, was Sie denken.«

»Ich denke«, sagte die Putzfrau, »dass es mich überrascht, dass ein so vitaler Mann wie Sie ein Seniorenheim besichtigt.

Für wen ist es denn gedacht? Haben Sie noch sehr alte Eltern?«

Es blieb mir also nichts weiter übrig, als meinem Date – »Bitte einfach nur Evi« – die ganze Geschichte zu erzählen. Von meiner tatsächlich sehr alten Mutter, die sich zugleich Sorgen um mein Alter machte, und so weiter. Ein wenig irritierte mich, dass sie unterdessen ihren Kittel auszog und ihn an den Putzwagen hängte. Irgendwo in meinem Hinterkopf fragte ich mich, ob es damit weiterginge, so nach dem Motto »You can leave your hat on«. Doch stattdessen bog eine andere Frau mit Kopftuch (zum Glück nicht blau-weiß kariert, denn das hätte mich vollends verwirrt) um die Ecke und lächelte Evi zu.

»Danke«, sagte Evi zu ihr. »Sehr nett, dass sie mir die Sachen geliehen haben.«

»Ge… geliehen?«, stotterte ich, während Evi mich auf den Flur Richtung Ausgang zog.

»Dachten Sie wirklich, ich sei Reinigungskraft?«

»Na ja, ich meine …«

Sie lachte. »Ich mag naive Männer!«

Ein Kompliment, das mir nicht so recht gefiel. »Hm«, sagte ich. »Und was machen Sie wirklich?«

»Ich? Ich arbeite hier. Aber im zweiten Stock. Philosophisches Seminar.«

»Ach. Und als was?«

»Professorin für Philosophie. Hatte ich das nicht gesagt?«

»Nein, *das* hatten Sie nicht gesagt. Stand auch nicht in ihrer Bewerbung.«

»Stimmt. Dabei ist beides irgendwie wahr. Ich räume in den Köpfen meiner Studenten auf. Sie können sich gar nicht vorstellen, welchen Schrott die jungen Leute heute alle im Oberstübchen mit sich herumschleppen.«

Ich sagte nichts. *Vorstellen* konnte ich mir das absolut. Genau genommen war ich mir sogar vollkommen sicher. Aber ein Gespräch darüber wagte ich lieber nicht. Eine Philosophieprofessorin! Ich meine, es gibt geringere Anlässe, sich unsterblich zu blamieren, oder? Mama hätte wahrscheinlich ihre helle Freude daran gehabt. Ich hatte eher Schiss. Und ich fürchte, dass man mir das auch ansah. »Ach, kommen Sie, Klaus, jetzt haben Sie Muffensausen, richtig? Als ich noch eine Putze war, da haben Sie sich irgendwie toll gefühlt, weil Sie überhaupt mit mir gesprochen haben. Und jetzt, wo Sie wissen, dass mein IQ vielleicht höher ist als Ihrer, und möglicherweise auch mein Einkommen, da ist Ihnen das Herz in die Hosen gerutscht, stimmt's?«

Beschämt blieb ich stehen. »Sieht man mir das so an?«, fragte ich.

»Doch, ja. Das tut man. Ich finde es aber ganz nett.«

»Ganz nett . . .«

»Ja. Sie tragen Ihr Seelenleben im Gesicht. Man sieht es Ihnen an, was Sie denken und fühlen. Das heißt, Sie sind als Mensch mit sich im Reinen.«

»Na, ich weiß nicht. Fühlt sich in letzter Zeit eher nicht so an.«

Sie schüttelte den Kopf. »So meine ich das nicht. Was ich meine, ist: Sie versuchen nicht ständig, sich zu verstellen.«

Na gut, sie hatte mich vorletzte Nacht nicht gesehen. Mit dem blonden Engel, der Lederjeans und den Kroko-Sneakers. »Ich versuche es zumindest«, sagte ich und meinte es auch so. »Und jetzt?«

»Jetzt gucken wir uns das Altersheim an!«

»Haus Hafenblick«

Was wir auch taten. Auch dieser Besichtigungstermin war wieder sehr lehrreich in vielerlei Hinsicht. Zunächst einmal warb das Haus Hafenblick damit, dass es »Deutschlands erste Smart-Residence« sei.

»Smart«, das kommt aus dem Englischen und heißt so viel wie schlau oder intelligent. Das würde ich eigentlich von allen Altenheimen erwarten. War aber gar nicht gemeint. Denn »smart« im Zusammenhang mit Häusern, Wohnungen oder ganzen Städten, das bedeutete, wie ich erfuhr, neuerdings vor allem »internetbasiert«.

Was mir nur ansatzweise etwas sagte. Natürlich wollte ich in meinem Seniorenheim auch Internet haben. Ich meine, man schreibt doch mal eine E-Mail oder surft ein bisschen im Netz. Da muss man doch online gehen können. So war das aber nicht gemeint. Gemeint war, dass alles und jedes in diesem Haus ständig über Internet mit allem und jedem verbunden war. »Sehen Sie«, erklärte der Leiter der Einrichtung. »Wenn Sie zum Beispiel in Ihrem Apartment vergessen, nachts das Licht auszumachen, dann erkennt das unser Server und schaltet es für Sie ab.«

»Ach«, sagte ich. »Und erkennt er auch, wann ich es absichtlich anlasse?«

»Na ja, das ist ja eher eine hypothetische Frage ...«

»Ich finde sie eigentlich eher praktisch. Und sonst?«

»Bei zu starker Sonneneinstrahlung fahren die Jalousien automatisch herunter und stellen sich selbsttätig in die ideale Position.«

Ich nickte beeindruckt. »Ideal wofür?«

»Für den Energieverbrauch natürlich.«

»Und wenn ich aber ein Sonnenbad nehmen möchte?«

Der Heimleiter lachte. »Dann können Sie die Jalousien natürlich jederzeit selber wieder hochfahren.«

»Hm.« Langsam fand ich Geschmack an dieser neuen Technikwelt.

Und auch Evi blickte sich neugierig in dem Zimmer um. »Was ist mit dem Kühlschrank?«, fragte sie.

»Gute Frage!«, lobte der Chef der Residenz. »Der erkennt von allein, was drin ist und wie viel, und reguliert entsprechend die Temperatur. Ganz automatisch!« Er klatschte vor Begeisterung in die Hände.

»Oh, das ist eine große Erleichterung«, sagte ich. »Denn alkoholfreies Bier muss definitiv kühler sein als welches mit Alkohol.«

»Na gut, ob er *so* detailliert unterscheidet ...« Der Heimleiter klatschte erneut in die Hände, worauf ein Schrankbett aus der Wand klappte. »Voilà!«, rief er. »Es ist natürlich ebenfalls vernetzt.«

»Aha? Heißt das, es klappt sich – und mich – morgens um acht wieder hoch?«

Der gute Mann lachte, als wär's ein Witz gewesen. »Nein, das würde es natürlich nie tun, denn es erkennt ja, ob Sie darin liegen oder nicht. Es ist mit unserem Clean-Master-Service-Capacity-System vernetzt.«

»Ach ja, verstehe«, sagte ich und sah ihn ratlos an. »Das hätte ich mir natürlich denken können.«

Er sah mich nachsichtig an. »Das bedeutet, dass das System automatisch die Termine gemeldet bekommt, wann die Bettwäsche gewechselt werden muss, sodass am Morgen sofort die entsprechende Wäsche aus unserem Logistikzentrum geliefert wird.«

Evi lachte leise und murmelte: »Das glaube ich nicht.« Und dann zog sie mich zum Badezimmer, während ich mich noch fragte, ob das Bett auch erkannte, ob ich alleine drinlag oder mit jemand anderem.

»Das Badezimmer ist natürlich das Nonplusultra!«, rief ein geradezu überwältigter Heimleiter und knipste das Licht an. »Vor allem die Toilette! Wenn Sie mal Platz nehmen wollen, Herr Berg?«

Wollte ich nicht. Nicht vor ihm und schon gar nicht vor Evi. Ich schüttelte den Kopf. »Egal«, sagte er. »Ich kann es ja auch so erzählen: Also, wenn Sie auf dem WC sitzen, wird automatisch Ihr Blutdruck und Ihre Pulsfrequenz gemessen.«

»Aha.«

»Und diese Daten werden direkt an unser medizinisches Personal gemeldet, sodass Sie am Frühstückstisch bereits die optimale Medikation für den Tag vorfinden. Sie müssen sich um nichts mehr kümmern.«

»Genial«, sagte ich und erschauerte.

»Schwachsinn«, sagte Evi. »Wissen Sie was? Sie sollten eine Hühnerfarm draus machen. Komm, Klaus, das ist nichts für dich.« Und obwohl wir uns erst so kurz kannten, stimmte ich ihr aus vollem Herzen zu. Ich bewunderte sie; wie sie die Dinge sagte – immer auf den Punkt, aber nicht bösartig, sondern mit Herz. Und Humor. Und sie hatte mehr Verstand als alle Residenzleiter zusammen, die ich in den letzten Monaten kennengelernt hatte. Wahrscheinlich war ich in ihren Augen ziemlicher Durchschnitt, aber sie zeigte es nicht.

»Stimmt«, sagte ich. »Schönen Tag noch.«

Und dann gingen wir. Verabschiedeten uns aus dem »Haus Hafenblick«, und ich verabschiedete mich endgültig von der Idee, mir einen Platz im Altenheim zu suchen. Seniorenresidenzen und ich, wir waren schlicht nicht für einander gemacht.

Und Evi und ich? Konnte das passen? Ich mochte die Frau, auch wenn ich sie für seltsam hielt. Die Show mit der Reinigungskraft gab mir schon sehr zu denken. Andererseits sprach alles, was sie sagte, mir irgendwie auch aus der Seele. Und sie gefiel mir. Sehr. Dennoch: Evi war mir möglicherweise eine Nummer zu groß. Zwar haben mich kluge und starke Frauen immer schon angezogen, doch zunächst galt es, mein Selbstbewusstsein wiederzufinden, denn das hatte in letzter Zeit doch stark gelitten.

Am Tresen mit Jens und Schnittke

Vielleicht sollte ich doch noch einmal meinen Kumpel Hubi konsultieren? Nein, lieber nicht. Hubis Kosmos und meiner passten nur sehr am Rande zusammen. Wenn ich mir vor Augen führte, wohin mich seine Ratschläge gebracht hatten, wurde mir das unwillkürlich peinlich. Besser, ich traf mich mal mit ein paar Freunden, die normaler waren oder zumindest schienen. Keine Türsteher, keine Womanizer, einfach Männer wie du und ich, aber eben mit einem offenen Ohr für einen Kumpel mit Problemen. Jens zum Beispiel. Und Schnittke!

Jens Lehmann (nicht der Torwart, sondern einer, der nur zufällig genauso heißt) ist mit mir in die zehnte Klasse gegangen. Er hat dann Maschinenbau studiert, geheiratet, zwei Kinder bekommen. Nun arbeitete er bei einer Firma, die Dinge herstellte, von denen ich nicht mal wusste, dass es sie gab, von denen er mir aber stets glaubhaft versicherte, dass ich ohne sie nicht leben könnte.

Schnittke war Lehrer. Ich kannte ihn – ja, woher eigentlich? Irgendwie hatte ich bei ihm das Gefühl, ihn schon immer gekannt zu haben. Was aber ja nicht sein kann, es sei denn, er wäre das Alter Ego meiner Mutter. Was er definitiv nicht war. Denn Schnittke war ein sanftmütiger Zeitgenosse.

Gar kein Lehrertyp eigentlich. Vielleicht lag's daran, dass er Geschichte unterrichtet hatte. Und Erdkunde. Inzwischen war er natürlich längst im Ruhestand. Seit gefühlt mindestens dreißig Jahren. Ich schätze, er hatte irgendwann kurz nach seinem Vierzigsten eine clevere Exitstrategie für den Vorruhestand gefunden und verbrachte seine Zeit jetzt überwiegend mit Angeln und Tantra. Ein kluger und freundlicher Mensch. Ich hatte richtig Lust, ihn zu treffen.

Wir verabredeten uns in unserer alten Kneipe, in die wir schon zu Studentenzeiten gerne auf ein Bier gegangen waren. Inzwischen residierte dort allerdings ein Drehsushi mit dem Charme eines Sanitätshauses. Und so saßen wir drei alten Männer auf Hockern und starrten auf das Band, um die besten Happen zu schnappen, bevor jemand anderer sie schnappte. Jens zum Beispiel. Oder Schnittke.

»Und?«, wollte mein Schulfreund wissen. »Was gibt es bei dir Neues?«

»Na ja«, sagte ich. »Meine Mutter findet, ich sollte mich nach einem Platz im Altenheim umgucken.«

»Meinst du nicht im Ernst«, rief Schnittke. »Deine Mutter lebt *immer noch*?«

»Du sagst das so, als würdest du's ihr nicht gönnen.«

»Überhaupt nicht! Von mir aus kann sie hundert werden!«

»Wird sie. In vier Jahren.«

»Okay. Auch recht. Und wie geht es ihr so?«

Ich zuckte mit den Schultern. »An einem Tag schleppt sie mich zum Notar wegen des Testaments, am anderen will sie Grabsteine aussuchen.«

»Na ja«, sagte Jens. »Das kann man verstehen. In dem Alter will man die letzten Dinge regeln, oder?«

»Finde ich ja auch«, erwiderte ich. »Aber es geht ja nicht um ihr Testament oder um ihren Grabstein, sondern um meinen.«

Schnittke verschluckte sich an einem Reisröllchen und schlug sich auf die Brust. »Die Alte gefällt mir.«

»Anstrengend ist das schon«, klagte ich.

»Kann ich mir vorstellen.« Jens blickte mich mitfühlend an. »Siehst tatsächlich ein bisschen mitgenommen aus.«

»Bin ich auch. Irgendwie spüre ich, dass ich langsam depressiv werde.«

»Du solltest angeln gehen«, schlug Schnittke vor. »Das beruhigt die Nerven und hält jung. Außerdem isst du dann viel Fisch, und der ist reines Kraftfutter für die Libido . . .«

»Ich will's gar nicht wissen«, fiel ich ihm ins Wort.

»Was du brauchst, Klaus, ist ein Energieschub«, stellte Jens sachlich fest. »Man kann sich doch nicht die ganze Zeit mit Altersheimen, Testamenten, Grabsteinen und wer weiß noch was beschäftigen, ohne depressiv zu werden. Ich finde, du solltest mal ein Abenteuer erleben.«

Ich winkte ab. »Auf Kreuzfahrt hat mich meine Mutter auch schon geschickt.«

»Kreuzfahrt? Das nennst du Abenteuer? Mann, du bist aber auch naiv. Nee, nimm dir 'n Motorrad und fahr einfach drauflos! Nur du und deine Maschine. Ein paar Klamotten zum Wechseln und deine Kreditkarte, sonst nix. Mehr braucht ein Mann nicht.«

»Das meinst du nicht im Ernst, oder?« Irgendwie klang das für mich gleichermaßen bescheuert und verlockend. »Soll ich alter Knacker jetzt noch mal auf ein Motorrad steigen?«

»Hast du nicht mal den Führerschein gemacht?«

»Da war ich achtzehn!«

»Siehst du! Als Kind hättest du dich getraut. Und jetzt, mit deiner Lebenserfahrung und deinen Fähigkeiten, traust du dich nicht mehr? Kann ich nicht verstehen.«

»Jens hat recht«, sagte Schnittke. »Wenn du nicht angeln willst, dann steig auf ein Motorrad und fahr ans Meer oder in die Berge. Es ist wissenschaftlich erwiesen, dass die Vibrationen des Motorradsattels wie eine Powermassage für deine Fortpflanzungsorgane . . .«

»Echt, Schnittke, kannst du eigentlich nur an *das Eine* denken?«

Schnittke lächelte mich milde an. »Sag bloß, du tust das nicht.« Ich versuchte, ganz gelassen zu gucken, und erwiderte: »Es fängt schon damit an, dass ich keine Ahnung mehr von Motorrädern habe. Wenn ich jetzt eines kaufen will, lasse ich mich doch bloß über den Tisch ziehen.«

Jens beugte sich vor und verkündete: »Das nenne ich mal Glück, dass ich zufällig gerade eins zu verkaufen habe!«

Easy Rider

Es war eine blaue Ducati. Baujahr 1983. Ein Museumsstück. Weniger optisch, mehr so technisch. Aber ich war auf Anhieb von ihr begeistert. Jens verstand es aber auch, sie mir schmackhaft zu machen. »Du musst dir nur mal anhören, wie sie klingt . . . « Sacht drehte er am Griff, und ein ohrenbetäubendes Rasseln ertönte. »Die hatte mal achtzig PS. Aber natürlich hab ich sie damals getuned. Wahrscheinlich liegt sie jetzt bei um die zweihundert.«

»Echt? Wow.«

»In dem Farbton gibt's die Maschine auf der ganzen Welt höchstens noch dreimal.«

Ich hätte ahnen können, dass es sie auch in anderen Farbtönen nicht mehr öfter gab. Jedenfalls nicht auf Straßen. Denn da gehörte die Ducati nicht mehr hin. Aber das merkte ich erst 200 Kilometer später und unter komplizierten Umständen, für die Jens mehr konnte als ich.

»Und was willst du dafür haben?« Ich sah mich schon über leere Landstraßen fliegen, unter einem dramatischen Wolkenhimmel, in fernen Ländern – und mit sich an mich klammernden attraktiven Frauen auf dem Rücksitz . . .

»Achtzehntausend.«

»Achtzehntausend was?«

»Na, Euro. Was dachtest du denn?«

»Das ist aber ein happiger Preis für ein Motorrad, das schon . . .«

Ich musste rechnen. ». . . das schon ungefähr fünfunddreißig Jahre auf dem Buckel hat. Findest du nicht?«

»Du bist lustig«, sagte Jens. »Das ist ein Freundschaftspreis. In Liebhaberforen werden die Dinger für das Doppelte gehandelt.«

Wir einigten uns auf zehntausend plus zweitausend, wenn die Maschine ohne größere Probleme durch den nächsten TÜV kommen würde.

»Topp!«, sagte Jens, und ich hätte aufmerken müssen, als ich das Glitzern in seinen Augen sah.

»Könntest ruhig ein bisschen trauriger sein, wenn ich dir dein Spielzeug wegnehme.«

Jens schlug mir auf die Schulter. »Aber was. Du bist doch mein ältester Freund. Wenn ich es jemandem gönne, dann dir. Ist doch klar, oder?«

Ich war mir da nicht so sicher. »Nett von dir«, sagte ich trotzdem und nahm die Schlüssel entgegen.

Und dann fuhr ich zunächst einmal ein paar Runden durch meine Heimatstadt. An der Alster entlang. Rüber zum Hafen. St. Pauli und das Schanzenviertel. Ich schwöre, es gab doch tatsächlich einige, die mir hinterherguckten! Kann natürlich auch an dem ohrenbetäubenden Lärm gelegen haben, den die Maschine machte. Dass das Ding auch noch fuhr, war nur ein Nebeneffekt. Aber immerhin: Es fuhr tatsächlich! Und trotz Helm und Nierengurt hatte ich plötzlich ein Gefühl von Freiheit, wie ich es schon viel zu lange nicht mehr erlebt hatte.

Ich beschloss, nur ein paar Wechselklamotten einzupacken und für ein paar Tage Easy Rider zu sein. Das würde mich auf andere Gedanken bringen. Nichts ist für einen Mann so entspannend, wie allein mit seinem Pferd unterwegs zu sein. Und das Pferd von heute ist ja bekanntlich das Motorrad. Also besorgte ich mir die Zulassungspapiere, schrieb meiner Mutter eine kurze Nachricht (»Bin für ein paar Tage auf Geschäftsreise. Klaus«) und fuhr los.

Rauf an die Nordsee! Strand, kühles Bier, Wind in den Haaren. Ich fühlte mich zehn Jahre jünger. Was sage ich: dreißig Jahre! Schnell fand ich Anschluss zu anderen Bikern, die von ihren Abenteuern berichteten. Okay, die abendlichen Besäufnisse überforderten mich. Da war ich eher eine Spaßbremse. Aber so ein neues Leben will ja auch erst einmal gelernt sein. Und am anderen Morgen nach dem Frühstück, so gegen 15 Uhr, ging es weiter. Rüber nach Holland. Fabelhaftes Land. Großartige Straßen. Ich knatterte an Windmühlen, Kühen und Gewächshäusern vorbei, über mir der endlose Himmel, Richtung Amsterdam, wo ich ein paar Tage absteigen und das Leben genießen wollte.

Was ich auch tat. Die Stadt ist jung, lebhaft und aufregend. Wer Zeit, eine Sonnenbrille und eine Kreditkarte hat, ist bestens ausgestattet. Für alles andere sorgt die Stadt selbst.

Einige Tage später entschloss ich mich, wieder in Richtung Heimat zu fahren. Ich warf also Lucy an (ich hatte begonnen, sie Lucy zu nennen), ließ den Motor aufheulen, klappte das Visier meines Helms zu und donnerte los. Ich hatte einen Entschluss gefasst: Dies würde das Leben sein, das ich führen wollte. Das Leben eines ungebundenen, lebenshungrigen, alterslosen Mannes, der mit seiner Maschine die Welt erobert und sich nicht um Konventionen schert. Und es war Zeit, dass ich meiner Mutter diesen Entschluss mitteilte. Sie sollte endlich aufhören, über meine Zeit zu verfügen, mir Vorschriften zu machen und mich wie ein Kind zu behandeln. Sie sollte sich nicht länger in mein Leben einmischen!

Aber zunächst brauchte ich dringend einen Termin beim Orthopäden. Mein Rücken brachte mich um!

Leider kam ich mit diesem Entschluss nur bis kurz hinter die deutsche Grenze. Erst fing der Auspuff an, wie verrückt zu qualmen, und aus dem Rasseln war mehr ein Blubbern geworden. Und dann winkte mich auch noch die Polizei von der Straße: »Steigen Sie mal ab, bitte.«

»Warum? Was ist denn?«

»Routinekontrolle.«

»Aber ich habe mir doch gar nichts zuschulden kommen lassen«, sagte ich und schwankte zwischen Empörung und Unsicherheit.

»Das lassen Sie mal uns beurteilen, ja? Wie lange haben Sie diese Maschine schon?«

»Seit einer Woche oder so.«

»Oder so. So, so. Und Sie haben sie legal erworben?«

»Nein, ich habe sie aus einem Kaugummiautomaten geklaut«, ätzte ich. Der Typ ging mir auf die Nerven. Der Polizist drehte sich zu seinem Kollegen um, der sich inzwischen an meinem Motorrad zu schaffen machte, und sagte: »Das ist einer von denen, die besonders lustig sind.« Ich ahnte, dass es nicht sehr geschickt gewesen war, zumal der Kollege antwortete: »Lustig sein können wir auch.«

War dann aber gar nicht so lustig. Erst einmal musste ich

mich bis auf die Unterhose auszuziehen. Was mir eigentlich nichts ausmacht – außer, ich stehe auf offener Straße und es fängt gerade an zu regnen. Außerdem hatte ich ja bereits auf Sylt einige Erfahrung im öffentlichen Entkleiden gesammelt.

»Wo haben Sie denn den Ausweis machen lassen?«, wollte der Polizist wissen.

»Steht doch drauf«, maulte ich. »Hamburg.«

»So, so. Haben Sie dort irgendwelche Angehörigen?«

»Meine Mutter.«

Jetzt schaltete sich der andere Beamte wieder ein: »Er ist wirklich lustig.«

»Ich wüsste nicht, was daran lustig sein soll!«

»Vielleicht haben Sie ja auch noch eine Oma dort, was?«

»Meine Oma ist leider schon vor vielen Jahren von uns ge… Hören Sie mal, worum geht es hier überhaupt?«

»Sie können gerne ein Telefonat führen, wenn Sie möchten. Die Maschine ist erst einmal konfisziert. Aber wir haben auch gute Nachrichten. Stimmt's, Heinz?«

»Stimmt«, bestätigte der andere. »Sie bekommen einen Shuttle nach Hamburg.«

»Einen Shuttle? Ich verstehe nicht …«

»Wollen Sie uns dazu etwas sagen?«, fragte nun unvermittelt der Beamte, der mein Motorrad untersucht hatte. Er hielt einen kleinen Beutel in der Hand, vielleicht so groß wie eine Geldbörse. »Wieso?«, fragte ich. »Was ist das?«

»Das möchten wir gerne von Ihnen wissen?«, erklärte sein Kollege und machte eine Geste, dass ich mich wieder anziehen dürfe.

»Ich hab doch keine Ahnung! Woher soll ich wissen, was Ihr Kollege da in seinem Beutel hat?«

Der andere Mann, eigentlich war er eher klein, trat nun so nah an mich heran und hatte einen so ernsten Gesichtsausdruck, dass ich fand, er wäre doch ziemlich groß. »Hören Sie, spielen Sie hier kein Theater. Sie haben einen Sack Drogen in ihrem Motorrad transportiert. Sie kommen aus den Niederlanden. Es besteht überhaupt kein Zweifel, dass Sie das Zeug in Amsterdam gekauft haben und nun nach Deutschland importieren. Fragt sich noch, ob Sie selber so viel konsumieren oder ob Sie auch noch als Dealer arbeiten.«

Ich stolperte über meine Hosen und rempelte ihn beinahe an. Der andere Beamte griff zu seiner Waffe. »Hören Sie, ich kenne diesen Beutel doch gar nicht! Das ist nicht meiner. Keine Ahnung, ob das wirklich Drogen sind. Und überhaupt, woher wollen Sie wissen . . .« Langsam geriet ich in Panik. »Hören Sie, das ist alles ein großes Missverständnis!«

Ich finde nicht, dass die Handschellen unbedingt nötig gewesen wären. Auch die Anzeige wegen Widerstands gegen die Staatsgewalt fand ich übertrieben. Unter diesen Umständen war ich dann doch ganz froh, dass meine Mutter sich in mein Leben einmischte, indem sie eine Kaution hinterlegte und mich erst einmal auf freien Fuß bekam. »Scheint ja eine interessante Geschäftsreise gewesen zu sein«, stellte sie lakonisch fest.

»Eigentlich bloß ein kleiner Motorradausflug.«

»Motorrad?«

»Mhm. Von meinem Freund Jens gekauft.«

»Jens? Meinst du etwa Jens Lehmann? Der damals schon immer Drogenprobleme hatte?«

»Aber Mama! Jens ist ein ganz biederer Familienvater, der . . .« Jetzt, wo sie's gesagt hatte, fiel mir auch wieder ein, wie der Jens damals auf dem Schulhof Gras verkauft hatte.

»Und das Motorrad ist in einem Top-Zustand! Also, jedenfalls gewesen . . . « Und er hatte jeden übers Ohr gehauen.
Plötzlich fiel es mir wie Schuppen von den Augen: Mein alter
Kumpel hatte mir eine Schrottmaschine zu einem Fantasie-
preis verkauft – und so ganz nebenbei vergessen, dass er mal
irgendwann eine Packung Shit (oder was immer es war)
unterm Sattel transportiert hatte. Und ich war auf ihn he-
reingefallen und hatte jetzt eine Menge Probleme.

»Tut mir leid, Mama«, sagte ich kleinlaut. »Da war ich
wohl etwas zu naiv.«

»Sieht so aus, Junge«, erwiderte sie und fuhr mir durchs
Haar. »Aber du sammelst ja noch Lebenserfahrung. Wenn du
mal in meinem Alter bist, wird dir so etwas nicht mehr passieren.«

Wo sie recht hatte, hatte sie recht. Mit Mitte neunzig
würde ich nämlich sehr wahrscheinlich nicht mehr Motorrad fahren. Ich nickte und tat, was ich sehr ungern tue: Ich
stimmte ihr zu. »Wahrscheinlich ist das so, ja.« Da erst fiel
mir auf, wie sehr sie sich verändert hatte. »Sag mal, in den
Klamotten könntest du aber auch auf so eine Maschine
steigen«, sagte ich und musterte, halb amüsiert, halb aner-
kennend, ihren neuen Leder-Look. Wäre der Kopf nicht gewesen, der oben rausguckte, man hätte sie für siebzig Jahre
jünger halten können.

»Nie im Leben«, erwiderte sie. »Ich steig doch nicht auf
eine Ducati.« Wir standen inzwischen vor dem Justizge-
bäude, neugierig beäugt von einem jungen Mann, der ebenfalls ein Motorrad dabeihatte. Eine nachtschwarze Maschine
von Yamaha, die irgendwie aussah wie eine Kreuzung des
Batman-Bikes mit einem fiesen Insekt. »Vamos?«, fragte der
junge Mann und warf meiner Mutter einen Helm zu, der

ebenso schwarz, cool und beeindruckend war. »Mein Fahr-lehrer«, sagte Mama entschuldigend, stülpte sich den Helm über und schwang sich auf den Sitz, während ihr »Fahr-lehrer« hinter ihr aufstieg und sich an sie klammerte. Und dann erklang ein fettes Röhren, es spritzten ein paar Funken über den Asphalt, und meine Mutter legte einen Kavalierstart hin, dass sich der Staatsanwalt, der hinter uns aus dem Ge-bäude gekommen war, umdrehte und feststellte: »Die kleine Lady hinterlässt Ihnen aber mal große Fußstapfen.«

Die nächsten Tage wagte ich nicht, mich bei meiner Mutter zu melden. Stattdessen versuchte ich, mir einen Reim auf mein Leben zu machen. Was passierte da eigentlich gerade? Warum war so viel schiefgelaufen? Diese ganze Altenheim-Tournee. Es schien mir, als wäre ich völlig neben der Spur. Und diese ganzen Kontaktanzeigen . . .

Ich betrachtete meinen Schreibtisch: Immer noch stapelten sich Dutzende von Briefen darauf, in denen mir Frauen rund um den Globus einen glücklichen Lebensabend zu zweit in Aussicht stellten.

Vielleicht wäre es besser gewesen, ich hätte das alles bleiben lassen. Aber es war ja meine Mutter gewesen, die mich dazu genötigt hatte. Irgendwie konnte ich ihr keinen Wunsch, keine Bitte abschlagen. Und je älter sie wurde, umso schwieriger wurde es, sich gegen sie zu stellen. Trotzdem: Ich würde sie anrufen und meine Erkenntnisse mit ihr besprechen. Dass ich unglücklich war, seit sie mich in diese Tretmühle von Besichtigungen und Bewerbungen geschickt hatte. Dass das Leben nicht darin bestand, ständig an morgen zu denken. Dass sie sich einfach nicht mehr so in mein Leben einmischen durfte. Das alles würde ich ihr sagen. Also griff ich zum Telefon und wählte Kurzwahl 1.

Doch sie ging nicht ran. Auch am Abend nicht. Und auch nicht am nächsten Morgen. Ich musste an den Latin-Lover-Fahrlehrer denken, der mit Motorradhelmen um sich warf. An ihre unvernünftigen, ja geradezu haarsträubenden Aktionen der letzten Zeit. Es sah ja fast so aus, als wäre Mama in die Midlife-Crisis gekommen. Für eine Frau von annähernd hundert Jahren ein absurder Gedanke. Zum Glück hatte sie ein Handy. Auf dem sie aber auch nicht zu erreichen war. So beschloss ich, zu ihr zu fahren. Womöglich lag sie hilflos in der Wohnung, das Telefon klingelte ununterbrochen, während sie langsam auf dem Velours verendete? Tat sie nicht. Der Teppich war so leer wie das Bett, meine Mutter war nicht zu Hause. Ratlos schlich ich durch die Räume, halb erleichtert, weil mir eine schreckliche Entdeckung erspart geblieben war, halb gekränkt, weil sie mir nicht gesagt hatte, dass sie offenbar tagelang auf Reisen sein würde.

Oder war sie etwa mit ihrem Fahrlehrer unterwegs? Vertrauenswürdig hatte der ja nicht ausgesehen . . .

Hektisch begann ich, das Telefonbüchlein meiner Mutter durchzutelefonieren. »Tante Frieda? Weißt du zufällig, wo Mutter ist?«

»Meine Mutter? Gott, die ist doch schon lange tot!«

»Doch nicht deine Mutter. Meine!«

»Woher soll ich das wissen? Wer spricht da überhaupt?«

»Klaus.«

»Klaus? Bist du das? Haben sie dich aus der Kriegsgefangenschaft entlassen?«

»Nein, Tante Frieda. Nicht dein Mann. Dein Neffe!«

»Um Gottes willen! Den hat der Russe jetzt auch gefangen?«

»Aber ich spreche doch mit dir!«

Es dauerte sehr lange, bis Tante Frieda sich wieder beruhigt hatte. Bei Tante Greta ging ich es vorsichtiger an. Doch die beschied mich nach kürzester Zeit: »Mit der alten Schlampe spreche ich nicht mehr. Weißt du, dass sie was mit Falk hatte?«

»Mit deinem Mann?«

»Ich hoffe, sie taucht nie wieder auf.«

»Alles klar, Tante Greta. War nett, mal wieder mit dir zu plaudern.«

Ihre Friseurin. Ihre Kosmetikerin. Ihre Zugehfrau. Keine hatte sie in den letzten Tagen gesehen. Ihr Masseur, ihr Anwalt, ihr Notar, ihre Schneiderin – keine Spur von Mama. Der Übersee-Club, der Rotarier-Club, die Gesellschaft der freien Frauen Hamburg: Fehlanzeige. Nicht einmal in einem der führenden Restaurants oder Hotels der Stadt war sie in den letzten Tagen gesehen worden.

Der Taxistand! Es gab einen vor ihrem Haus. Vielleicht hatte einer der Fahrer sie kürzlich wohingebracht und konnte sich daran erinnern. Meine Mutter war nicht zwingend beliebt bei den Taxifahrern, weil sie nie Trinkgeld gab. Aber sie war gefürchtet.

Und tatsächlich: »Ich hab sie am Freitag zum Flughafen gebracht«, erklärte mir einer der Fahrer. »Weil ich ihr Zeitlimit nicht eingehalten habe, hat sie mir den Fahrpreis um 30 Prozent gekürzt.«

Das klang sehr nach Mama. »Guter Mann, haben Sie eine Ahnung, wohin sie geflogen ist?«

»Geflogen? Sie wollte doch bloß jemanden abholen.«

Ihren Mörder. Jetzt war ich sicher, Mama war etwas zugestoßen. Etwas Schreckliches. Etwas nicht Wiedergutzumachendes. Ich zückte das Handy und war schon im Begriff, die Polizei zu rufen, wählte aber dann doch vorsichtshalber mal die Nummer des Notars. »Dr. Dr. Schmidt? Noch einmal Berg hier! Ich wollte Sie fragen, ob Sie zufällig etwas Neues gehört haben.«

»Das habe ich, Herr Berg!«, antwortete der Notar – und sein Tonfall hätte schon meine Alarmglocken schrillen lassen sollen.

»Gott sei Dank«, entfuhr es mir. »Nämlich was?«

»Dass Ihre Rechnung hier noch immer unbezahlt ist.«

»Meine Rechnung? Aber ich habe doch mein Testament bei Ihnen bezahlt.«

»Ihres schon. Aber das Ihrer Frau Mutter nicht.«

»Meiner Mutter? Wieso sollte ich das denn zahlen?«

»Weil sie ausdrücklich eine gemeinsame Rechnung verlangt hat. An Ihre Adresse!«

»Sagt wer?«

»Sagte Ihre Mutter. Und ihr Teil ist noch offen.«

»Hören Sie, Herr Dr. Dr., im Moment geht es erst einmal darum, dass wir meine Mutter wiederfinden. Lebend, wie ich hoffe.«

»Dann grüßen Sie sie schön. Ich mache mir da keine Sorgen. Die überlebt uns beide.« Er legte auf. Ich griff mir an die Brust. Ob ich diesen Stress überleben würde? Ich glaubte schon, ein gewisses Vorhofflimmern zu spüren. Dann war es aber doch nur der Vibrationsalarm meines Handys. »Berg?«

»Sag mal, wo treibst du dich eigentlich herum, Junge?«, fragte meine Mutter mit einer Stimme, als würde ihr Rücken gerade von den Händen eines geübten Masseurs verwöhnt. »Man erreicht dich nicht zu Hause, man sieht dich nirgends, und vorbei kommst du auch nicht mehr bei mir.«

»Mama!«, rief ich und dankte dem Himmel, dass ich

meine alte Mutter doch noch hatte. »Wie schön, dich zu hören.«

»Hast du was getrunken, Klaus?«

»Keinen Tropfen. Aber darauf stoße ich nachher gerne an.«

»Worauf, wenn ich fragen darf.«

»Dass es dir offenbar gut geht.«

»Ging mir nie besser, Junge. Ich habe mich hier in diesem wunderbaren Hideaway in den Garmischer Bergen eingemietet, wo sie einen von vorn bis hinten verwöhnen. Ein Traum.« Sie flüsterte: »Und die Mitarbeiter hier sehen aus, als wären sie von einer Hollywood-Agentin besetzt worden.«

»Das freut mich für dich, Mama. Wir haben dich hier verzweifelt gesucht.«

»Wer ist wir?«

»Ich.«

»Aha. Das erklärt vielleicht, weshalb mir seit gestern alle möglichen Leute auf die Mailbox gesprochen haben, von denen ich gehofft habe, ich würde nie wieder von ihnen hören.«

»Du meinst Leute wie Tante Greta?«

»Zum Beispiel.«

»Na ja, sie haben sich halt auch Sorgen gemacht.«

»Papperlapapp. Die haben nur angerufen, um sicherzugehen, dass ich tatsächlich endlich ins Gras gebissen habe.« Ein Stöhnen.

»Mama! Geht's dir gut?«

»Mhm. Das war nur der Masseur. Das war eine unglaublich angenehme Stelle. Können Sie das noch mal machen, was Sie da eben gemacht haben? Ja? Da? Bisschen tiefer. Ja. Und noch ein bisschen tiefer. Bisschen noch vielleicht?«

»Mama? Mit wem sprichst du da?«

»Ah, ja!«

»Okay, ich glaube, ich muss jetzt aufhören.«

»Pass auf dich auf, Junge. Ich muss jetzt auch aufhören, ah!«

Das waren die letzten Worte, die meine Mutter zu mir sprach. Bis sie wieder in Hamburg eintraf. Eine Woche später, braun gebrannt und voller Energie.

Und dann geschah das Wunder. Es war an einem Montag. Ich hatte gerade meine Motorradklamotten zum Container gebracht und mich auf den Weg in die Stadt gemacht, um mir ein paar normale neue Sachen zu kaufen. Das war nötig geworden, weil mir der Stress in den letzten Wochen ziemlich zugesetzt und ich ein paar Kilos abgenommen hatte. Also schlenderte ich durch die Fußgängerzone, guckte mir die Auslagen an und probierte das eine oder andere an. Dabei kam ich auch an dem Kaufhausrestaurant vorbei, in dem ich eines meiner fragwürdigen Dates gehabt hatte. Als ich mir einen Espresso Macchiato bestellte, betrachtete ich das auf dem Milchschaum geformte Kakaoherz und dachte an all die Frauen, für die ich mich nicht hatte entscheiden können. Die Bedienung, die nicht sehr gewandt war in der deutschen Sprache und auch sonst wenig Ahnung zu haben schien, machte alles mit einem bezaubernden Lächeln wett. »Noch etwas?«

»Das haben Sie nicht im Angebot, was mir fehlt«, sagte ich ein wenig melancholisch.

»Tut mir leid, nicht gut verstehen.«

Ich winkte ab. »Alles gut. Danke.«

»Gerne.« Sie verschwand, und eine Frau beugte sich vom

Nebentisch zu mir rüber. »Was hätten Sie denn gerne gehabt?«, fragte sie mit frechem Zwinkern.

»Ewige Jugend zum Beispiel«, erklärte ich ungerührt.

»Ach«, sagte die Frau, die wohl ein paar Jahre jünger war als ich. »Was wollen Sie denn damit? Ewige Jugend macht einsam. Das ist eine Phase des Stillstands – und wer will denn so was?«

Ich musterte sie genauer. Sie war vielleicht ein bisschen nachlässig gekleidet, und sie war definitiv *sehr* nachlässig geschminkt. Aber sie sah nett aus und hatte erkennbar den Schalk in den Augen. »Gefällt mir, was Sie da sagen«, erklärte ich. »Darf ich Sie zu was einladen?«

»Nicht nötig«, sagte sie. »Ich habe alles, was ich brauche.« Sie deutete auf ihren Kaffee und einen Teller, auf dem bis vor Kurzem offenbar Torte gelegen hatte. »Wissen Sie, wenn man in meinem Alter ist, sollte man keine Zeit damit vergeuden, auf irgendwas zu warten. Das Leben ist jetzt. Und es ist *jetzter,* je älter man wird.«

Okay, grammatikalisch war das zwar sicher nicht richtig. Philosophisch aber sehr wohl! Ich rückte näher. »Darf ich mich zu Ihnen setzen?«

»Gerne.« Sie zwinkerte noch einmal. »Ich muss allerdings bald los. Besichtigungstermin.«

Ein Wort, das nach all den Wochen in Seniorenresidenzen wie ein Allergen auf mich wirkte. Sie musste es mir angesehen haben. »Alles in Ordnung?«

»Was besichtigen Sie denn?«, fragte ich ahnungsvoll.

»Oh. Nicht ich. Jemand anderer. Kommt zu uns in die WG, um sich das freie Zimmer anzusehen.«

»Sie wohnen in einer WG? Nicht im Ernst, oder?«

»Wieso? Das ist doch die ideale Lebensform im Alter«,

erklärte sie und nahm einen letzten Schluck von ihrem Kaffee. »Man ist nicht allein, aber man schlägt sich auch nicht mit Ärzten und Betreuern herum, die nur ihre Abrechnungen aufpeppen wollen. Man ist sein eigener Herr, und trotzdem gibt es immer jemanden, der für alle Plätzchen backt. Okay, das mit den Plätzchen bin meistens ich. Aber ich mach das gerne. Ich sitze gern mit den anderen in unserer Küche zusammen, aber ich bin auch gern allein in meinem Zimmer. Keiner kann mir vorschreiben, was ich mache, wann und mit wem, aber es ist immer jemand da, wenn man wen zum Reden braucht. Oder sonst so.«

»Klingt interessant«, sagte ich und dachte: *Klingt bescheuert.* Denn jeder weiß doch, wie anstrengend manche Menschen ab einem gewissen Alter sein können. Junge allerdings auch. Da hat jeder seine Macken, und alle anderen müssen dann damit leben, ob sie wollen oder nicht. Eine Rentner-WG war so ziemlich das Letzte, was ich mir vorstellen konnte. Oder wollte.

»Jetzt wüsste ich gerne, was Sie denken«, sagte meine Nachbarin.

»Glaube ich nicht, dass Sie das gerne wüssten«, erwiderte ich. Sie zuckte mit den Schultern. »Egal, jedenfalls muss ich los.« Sie sah auf die Uhr. »Ich warte bloß noch auf meine Freundin.«

»Kommt sie zum Besichtigen?«

»Nein. Sie geht nur mit. Weil sie der Mensch mit der besten Menschenkenntnis ist, den ich je erlebt habe. Wissen Sie, das ist, wie wenn Sie ein neues Haus beziehen: Da nehmen Sie am besten auch einen Gutachter mit, damit Sie nicht hinterher Ärger haben.«

»Sie kennen meinen Gutachter nicht«, sagte ich und erntete ein fröhliches Lachen.

»Na, ihr zwei scheint euch ja glänzend zu verstehen«, hörte ich hinter mir eine Stimme, von der ich das Gefühl hatte, dass ich sie kannte, die ich aber auf die Schnelle nicht einordnen konnte. Ich sah mich um. Und wäre fast vom Stuhl gefallen. Die Philosophieprofessorin! »E... Evi?«, stotterte ich.

»Guten Tag, Klaus. Vor Ihnen ist die holde Weiblichkeit aber auch nicht sicher, was?«

»Na ja«, erwiderte ich. »So richtig kennen wir uns ja noch nicht!«

»Das hat mein Mann auch gesagt, als ich ihn in flagranti erwischte!«, rief meine Tischnachbarin – und die beiden Frauen kicherten vergnügt. Doch dann winkte Evi ab. »Lassen Sie sich nicht ärgern, mein Lieber. Wenn Sie das Herz meiner Freundin erobert hätten, dann hätte ich das erfahren, bevor Sie es selbst gewusst hätten.« Und zu meiner Tischnachbarin: »Wollen wir?«

»Gerne. Auf Wiedersehen!«

»Auf Wiedersehen.«

Evi aber beugte sich vertraulich zu mir hin und flüsterte: »Hab mich wirklich gefreut, Sie wiederzusehen. Ich hoffe, es war nicht das letzte Mal.«

Dann schoben die beiden ab. Ich konnte sie noch eine ganze Weile amüsiert schnattern hören.

Wenig später zahlte ich meinen Kaffee und machte mich ebenfalls auf den Weg.

Ob es stimmte, was Evi gesagt hatte? Dass sie sich freuen würde, wenn sie mich mal wieder treffen würde? Und würde ich mich freuen? Ja, plötzlich war ich mir da ganz sicher.

Prof. Dr. Evi

Ärgerlicherweise hatte ich die Post mit den Zuschriften all der Frauen, die einen soliden, gut aussehenden Herrn in den besten Jahren zum Heiraten suchten (oder zumindest »für gemeinsame Aktivitäten«), weggeworfen. Man will ja diskret sein. Ich war aber auch ein bisschen frustriert gewesen. Zum Glück wusste ich, wo Evi arbeitete: am philosophischen Seminar der Uni. Ich musste also nur nachschauen, wann sie Vorlesung hielt.

Beschwingt haute ich in die Tasten und googelte »Philosophie Uni Hamburg«. Es dauerte eine Weile, bis ich aus den etwa zweihunderttausend Einträgen den richtigen gefunden hatte, auf dem ich die Lehrkräfte aufrufen konnte. Eine Menge Evas gab es da! Und sie unterrichteten Dinge, von denen ich nicht mal eine Idee hatte, was es sein sollte. Zunächst einmal musste ich aber die richtige Evi finden. Glücklicherweise entdeckte ich schließlich ein Foto von ihr auf der Website; darunter stand: *Prof. Dr. Dr. h.c. Eva-Maria Ossenroda-Torckeysen.*

Wow!

Ich war schon drauf und dran, das Fenster wieder zu schließen und mir die Schnapsidee einer neuerlichen Kontaktaufnahme aus dem Kopf zu schlagen, als mir der Spruch der Dame aus dem Kaufhauscafé wieder einfiel: *Das Leben ist jetzt.* Mein Entschluss stand fest: Ich würde einfach in eine ihrer Vorlesungen für Praktische Philosophie gehen.

Schnell fand ich heraus, dass ihre nächste Vorlesung bereits morgen stattfinden würde. Morgen um fünfzehn Uhr würde ich im Hörsaal sitzen!

Saß ich dann auch. Mit klopfendem Herzen. Um Viertel nach drei stieß ich meinen Banknachbarn an, der sich gerade einen Pickel aufkratzte. »Denken Sie, das wird noch was?«

»Hm?«

»Mit der Vorlesung. Oder fällt die aus?«

»Wieso? Wo denken Sie hin?«

Das wusste ich allerdings auch nicht. In diesem Moment ging ein Raunen durch den Saal. Da stand sie. Gut sah sie aus! Ich hätte ihr das gerne gesagt, aber die Umstände waren nicht passend. Sie legte ihre Unterlagen auf das Pult, setzte sich daneben und klatschte in die Hände. »Meine Damen und Herren . . .« Dabei sah sie mich an, bildete ich mir zumindest ein. »Lassen Sie uns beginnen.« Und dann begann sie. Und redete. Und redete noch mehr. Philosophie! Genau genommen konnte ich ihren Worten nicht wirklich folgen. Haben Sie schon mal einem Philosophen beim Philosophieren zugehört? Klingt wie Deutsch, ist aber schwer verständlich.

Aber das machte nichts. Denn ich hörte ihr trotzdem gerne zu.

Die Zeit flog nur so dahin. Und irgendwann saß ich alleine im Hörsaal und blickte sie immer noch mit großen Augen an.

»Sie haben schon mitbekommen, dass die Vorlesung zu Ende ist?«, fragte sie schließlich.

»Aber Sie sind noch da«, erwiderte ich.

»Haben Sie denn auch noch Fragen an mich?«

Ich nickte. »O ja«, sagte ich und holte Luft. Und dann redete ich. Das Herz schlug mir im Hals, und ich hatte große Angst, mich lächerlich zu machen. Aber das musste ich riskieren. Es war mir noch nie so ernst mit etwas gewesen. Ich redete von meinem Leben, meiner Mutter, meinen verkorksten Dates. Ich ließ nichts aus. Dass ich bisher Problemen meistens ausgewichen und im Alltag eher langweilig und ziemlich träge sei. Dass ich, seit ich sie wiedergesehen hätte, immerzu an sie gedacht hätte. Und ein anderer geworden sei. Sie habe in mir schon bei unserem ersten Treffen Türen geöffnet, die mein Denken verändert hätten. Und dass ich so vieles von ihr wissen wollte. Ich sagte auch, dass ich große Teile ihrer Vorlesung nicht verstanden hätte, es aber gerne verstehen lernen würde. Ich sagte, natürlich gäbe es keinen vernünftigen Grund, warum jemand wie sie sich ausgerechnet in mich verlieben sollte. Ganz offensichtlich sei es so, dass ich schwer vermittelbar sei. Ich könnte nicht wirklich kochen (nur Tee) und hätte wahrscheinlich gar nichts Interessantes für sie, aber es gebe da eine winzige Hoffnung in mir, und wenn ich jetzt nicht die Gelegenheit endlich beim Schopf ergriffe, könnte ich mir selbst nicht mehr ins Gesicht sehen. Kurz, ich redete um mein Leben. Und ich traute mich kaum, sie dabei anzusehen.

Sie unterbrach mich nicht, und sie machte sich auch nicht über mich lustig. Sie sah mich nur aufmerksam aus ihren klugen grauen Augen an. Und dann sagte sie: »Kochst du uns jetzt einen Tee?«

Und das tat ich.

Die Tage vergingen wie im Flug. Das Leben kann wunder-

bar sein, wenn man es mit dem richtigen Menschen verbringt. Und der Handy-Akku leer ist. Dass ich eine Philosophieprofessorin brauchte, um mich daran zu erinnern, erscheint mir nachträglich absolut logisch.

Post, die man nicht haben will

Als ich nach vierzehn Tagen endlich beschloss, doch einmal wieder bei mir zu Hause vorbeizuschauen, türmte sich die Post im Briefkasten, und auf dem Anrufbeantworter blinkten zwei Dutzend Nachrichten:

»Guten Tag. Meier vom Notariat Dr. Schmidt. Herr Berg, ich bitte Sie um einen schnellen Rückruf. Ich weiß nicht, ob Sie bereits Post bekommen haben.«

»Meier hier vom Notariat Dr. Schmidt. Bitte rufen Sie uns an. Es ist dringend.«

»Hier ist das Notariat Dr. Schmidt. Herr Berg, wenn Sie das hören, rufen Sie uns bitte sofort an.«

»Dr. Schmidt hier. Herr Berg, leider gibt es sehr traurige Nachrichten. Seien Sie doch bitte so freundlich und rufen mich umgehend an.«

»Noch mal Dr. Schmidt hier. Herr Berg, ich muss Sie dringend sprechen! Anscheinend haben Sie die Nachricht noch nicht erhalten.«

Mehrere Aufleger. Und natürlich mein Versicherungsmakler, der mir wahrscheinlich wieder irgendeinen Unsinn verkaufen wollte, den kein Mensch braucht.

Sehr traurige Nachrichten, hatte der Notar gesagt. Ich ahnte Schreckliches. Hastig griff ich zu dem Stapel Briefe.

Werbung. Werbung. Rechnung. Rechnung. Werbung. Rechnung. Infobrief . . . Bankauszug. Rechnung. Werbung. Und ein schlichter weißer Brief, schwarz umrandet: Trauerpost. Todesfall.

Verdammt! Nicht, dass ich nicht schon häufig solche Post bekommen hätte. Je älter man wird, desto öfter erreicht einen ein solcher Brief. Aber nach den Nachrichten des Notars auf meinem Anrufbeantworter . . . Ich holte Luft und riss den Umschlag auf:

Einladung zur Trauerfeier

stand da. In elegant geschwungener Schrift. Und ein Wahlspruch:

Carpe vitam! (Nutze das Leben!) Und genieß es.

Ich rief den Notar an, der mir erklärte, dass sich das Amtsgericht bei ihm gemeldet hätte, weil man mich nicht erreicht habe. Und dass er es schon merkwürdig fände, wie ich einfach so wochenlang abtauchen könnte angesichts der Tatsache, dass ich eine Mutter von fast hundert Jahren hätte. Das heißt, gehabt hätte. Beileid übrigens.

Wir besprachen das Nötigste. Das Allernötigste hatte er inzwischen bereits selbstständig veranlasst. Und so fand ich mich urplötzlich im zarten Alter von sechsundsiebzig Jahren als Waise wieder.

Natürlich fragte Evi, ob sie mich zur Trauerfeier begleiten dürfe. Und ich war dankbar, nicht allein gehen zu müssen. Der Abschied von Mama sollte schon am nächsten Tag sein. Ob

Dr. Schmidt sich viel hatte überlegen müssen? Schwer vorstellbar. Wahrscheinlicher war, dass meine Mutter schlicht alles vorab selbst in die Wege geleitet hatte.

Hatte sie.

In der Aussegnungshalle hatte sich eine Handvoll bekannter Gesichter eingefunden. Einige entferntere Verwandte. Dr. Schmidt. Eine Frau in Tiefschwarz mit Schleier. Wahrscheinlich war das Tante Waltraut, die trotz der Jahrzehnte andauernden Feindschaft von Mama Abschied nehmen wollte. Ein junger Mann, der ganz am Rand saß und Rotz und Wasser hinter seiner großen Sonnenbrille heulte. Jemand, der aussah wie jemand von der Bank. Aber sonst nicht sehr viele.

Vorne stand ein Foto meiner Mutter mit einem schwarzen Band. Ich schnäuzte mich. Evi legte mir die Hand auf den Arm. Ein Streichquartett intonierte etwas von Bach. Ich schnäuzte mich wieder. Ein Mann beugte sich zu mir. Der Pastor. »Möchten Sie ein paar Worte sagen?«

Auch wenn ich nicht vorbereitet war, nickte ich. »Ja.« Und dann trat ich nach vorne und erklärte:

»Die Nachricht vom Tod meiner Mutter hat mich völlig unvorbereitet getroffen. Niemand war in meinem Leben präsenter als meine Mutter. Und damit meine ich nicht nur die ersten Jahre, sondern auch die letzten. Dass sie mich nicht überlebt hat, erscheint mir ganz seltsam. Sie war wirklich eine besondere Frau. Wer sie gekannt hat, weiß, dass das keine Redensart ist, sondern die reine Wahrheit. Niemand konnte so kraftraubend sein wie meine Mutter.«

An der Stelle meinte ich, ein unterdrücktes Lachen von Evi zu hören.

»Und niemand hatte einen so starken Willen wie sie. Aber es gab auch niemanden, auf den man sich so verlassen konnte. Immer da, wenn man sie brauchte. Und zu jeder Kritik fähig. Ich habe nicht unbedingt immer von ihr gehört, was ich gerne hören wollte. Aber sie hat mir immer gesagt, was sie dachte. Anscheinend hatte sie wohl schon eine Ahnung, dass sie bald nicht mehr leben würde. Würde mich nicht wundern. Sie hatte einfach ein Talent für gute Planung.

Mama, wenn du das hörst: Ich bewundere und liebe dich dafür – und ich wünschte, ich könnte das auch. Aber ich arbeite daran, und ich hatte in dir ja eine gute Lehrerin!«

Und dann schnäuzte ich mich ein letztes Mal und schloss: »Es war ein großes Glück, dein Sohn sein zu dürfen.«

Ich setzte mich wieder in die erste Reihe neben die Frau mit dem Schleier. Die mir zunickte, bevor sie aufstand und nach vorne ging. Hatte ich Tante Waltraut zu einer spontanen Ansprache inspiriert? Eine Aufarbeitung ihrer Beziehung zu Mama war wirklich das Letzte, wonach mir jetzt war.

»Liebe Trauergäste, es wird Sie vielleicht freuen zu hören, dass hier ein Missverständnis vorliegt.« Sie lüftete den Schleier und blickte in die Runde. Mama! Selbstsicher wie eh und je. »Eine ganz banale Verwechslung, nichts weiter. Wie Sie sehen, lebe ich noch – und ich gedenke, es auch noch einige Zeit zu tun. Es freut mich aber, dass Sie gekommen sind, ich weiß das sehr zu schätzen. Wenn Sie möchten, lade ich Sie gerne noch auf einen kleinen Umtrunk ein.« Sie war schon im Begriff, wieder von dem kleinen Podium abzutreten, da wandte sie sich noch an die Musiker, die sie betroffen anstarrten. »Ach«, sagte sie, »zur Feier des Tages könnten Sie ja vielleicht mal was Fröhlicheres spielen. Vielleicht ›Ananas aus Caracas‹? Können Sie den?«

Und so verließen wir die kühle Kulisse der Friedhofshalle und traten hinaus in einen prächtigen, sonnigen Herbsttag. »Mama, ich wäre fast gestorben!«, flüsterte ich, während sie lächelnd an meinem Arm ging.

Trocken erwiderte sie: »Ich auch.«

»Sehr witzig. Hast du dabei zufällig mal eine Sekunde an mich gedacht? Ich meine, wie konntest du mir das antun?«

»Tut mir leid. Aber ich fand, es war nötig, mal einen Testlauf zu machen.«

»Einen Testlauf? Bist du verrückt?«

Sie blieb stehen und blickte mich mit hochgezogenen Augenbrauen an. »Kennst du mich so wenig? Ich überlasse nichts dem Zufall. Und Dritten schon gar nicht . . .«

»Dritte«, sagte ich. »Du meinst mich.«

»Zum Beispiel. Trauerfeiern sind sicher nicht deine Stärke.«

»Aber immerhin«, sagte sie, während wir auf ein kleines Restaurant in der Nähe zusteuerten. »Deine kleine improvisierte Ansprache fand ich rührend. Auch wenn ich nicht weiß, warum du mich *kraftraubend* findest. Wer ist übrigens die Dame, die dich begleitet?«

»Das ist Evi«, sagte ich. »Professor Eva-Maria . . .« Den Rest murmelte ich leise, weil ich mir den verdammten Namen nicht merken konnte. »Du musst sie unbedingt kennenlernen. Ich meine, jetzt, wo du wieder unter uns bist . . .«

»So so. Professor«, erwiderte Mama. »Es ist sehr sympathisch, dass sie dich auf eine Trauerfeier begleitet, obwohl sie die Verstorbene nicht kannte.«

»Ja«, sagte ich eifrig, »sie ist mehr als sympathisch. Weißt du, wir . . .«

»Was mich allerdings erschüttert hat«, unterbrach sie

mich, »ist die Anzahl der Gäste. Interessant war das.«

»Na ja, ich weiß nicht . . . Irgendein Mensch von der Bank. Und Dr. Dr. Schmidt . . . Moment mal! Steckt der mit dir unter einer Decke?«

»Sagen wir so: Er hat getan, was getan werden musste.« Sie zuckte mit den Schultern. »Aber lenk jetzt nicht ab. Viel aufschlussreicher ist doch, wer *nicht* da war, Junge!«

Ich widersprach: »Denk bloß, wie viele Menschen zu deinem Geburtstag gekommen sind, Mama.«

»Pah. Zum Geburtstag kommen sie gerne. Das ist ein heiterer Anlass, da wird kräftig gefeiert und gezecht. Aber zur Trauerfeier, mein Lieber, wer da kommt, dem ist es ernst mit der Freundschaft. Und da habe ich einige vermisst. Um nicht zu sagen: allzu viele.«

»Lädst du die dann zum nächsten Geburtstag nicht mehr ein?«, fragte ich hoffnungsvoll, während wir einen größeren Tisch für die Gesellschaft suchten.

»Papperlapapp! Wer jetzt nicht gekommen ist, hat allen Anlass, ein schlechtes Gewissen zu haben!«

»Deshalb werden sie trotzdem nicht zur Trauerfeier kommen«, sagte ich. »Wenn es mal irgendwann eine echte ist.«

Mama winkte ab. »Das ist mir egal, Junge. Dann sitze ich ja nicht mehr im Publikum.« Sie klatschte in die Hände. »So! Wer sitzt wo?« Sie wandte sich an Evi: »Mögen Sie sich nicht neben mich setzen, Evi?«

Wie sich herausstellte, hatte Mutter mal vor vielen Jahren einen Freund gehabt, der wohl zu den Koryphäen der Praktischen Philosophie gehört haben musste. Längst tot. Aber im phänomenalen Gedächtnis meiner Mutter hatte er Spuren hinterlassen. Über eine Stunde fachsimpelten Mama und Evi miteinander, bis ich beschloss, lieber eine Runde um den Block zu machen. Frische Luft war nach dem Schock über Mamas vermeintliches Ableben jetzt das Richtige.

Als ich zurückkam, blickten mich die beiden an, als hätte ich etwas angestellt.

»Alles in Ordnung?«, fragte ich verunsichert.

»Ich habe einiges über dich erfahren«, sagte Evi.

»Nur Gutes, will ich hoffen.«

»Philosophisch betrachtet . . .«, fing Evi an.

»Lieber praktisch betrachtet«, fiel ich ihr ins Wort.

»Okay. Auch praktisch«, lächelte sie und strich mir zärtlich über die Wange.

»Mutter«, sagte ich, »Evi und ich, wir müssen dann mal los. Leben genießen und so. Du weißt schon.«

Bildete ich mir das ein oder schluckte sie tatsächlich? Jedenfalls hatte Mutter sich sofort wieder im Griff, als sie antwortete: »Klar. Das Leben ist jetzt! Und je älter man wird, desto jetzter ist es!«

»Du sagst es, Mutter«, grinste ich. »Jung sterben ist *tatsächlich* keine Lösung!«

Jetzt kann ich es ja zugeben: Es war nicht einfach mit Klaus. Und schon gar nicht mit seiner Mutter. Ich dachte schon, er schafft den Absprung nie, so fest, wie der mit beiden Beinen auf dem Schlauch stand. Aber ich denke, mit Evi hat er eine reelle Chance. Jedenfalls – mehr konnte ich für meinen Helden nun wirklich nicht tun, oder?

Aber er hatte meine Hilfe auch bitter nötig. Ich meine, bei *der* Mutter! Und glauben Sie mir, ich weiß, wie das ist. Ich habe nämlich auch eine. Die natürlich ganz anders ist als die von Klaus. Aber auch eine, sagen wir, sehr starke Persönlichkeit.

Wie es aussieht, habe ich also ziemlich haltbare Gene. Was ja an sich ganz schön ist. Und meistens finde ich das Leben auch ziemlich lebenswert. Außerdem habe ich noch eine ganze To-do-Liste abzuarbeiten. Okay, das mit dem Marathon und dem Klavierspielen wird nix mehr, aber charakterlich geht bestimmt noch einiges ... George Eliot hat gesagt: »Es ist nie zu spät, so zu sein, wie man es gerne gewesen wäre.«

Niemand hat Ihnen versprochen, dass das Leben einfach wird. Aber es ist es wert.

Die Jugend ist nicht ein Abschnitt des Lebens,
sie ist ein Zustand der Seele.
Man wird nicht alt wegen der einfachen Tatsache,
dass man eine bestimmte Zahl von Jahren gelebt hat,
sondern nur, wenn man sein eigenes Ideal aufgibt.
Ihr werdet so lange jung sein, wie euer Herz die Botschaft der
Schönheit, der Kühnheit und des Mutes aufnehmen wird.

Marc Aurel *in* Stein der Jugend